BARBARA SMUCKER

HUIDA
AL CANADÁ

Traducción de Pilar Molina
Prólogo de Martin Luther King, Jr.

D0986254

NOGUER Y CARALT
EDITORES

8687

Título original
"Underground to Canada"

© 1977 by Clarke, Irwin & Company Limited.
Published by arrangement with Clarke, Irwin &
Company Limited, Toronto.
© 1982 Editorial Noguer, S.A.,
Santa Amelia 22, Barcelona.
Reservados todos los derechos.
ISBN: 84-279-3140-9

Traducción: Pilar Molina
Cubierta e ilustraciones: Jesús Gabán

Quinta edición: noviembre 1995

Impreso en España - Printed in Spain
Premium Graf, S.L., Badalona
Depósito legal: B-35.476-1995

PRÓLOGO

Es para mí un privilegio personal dirigirme al pueblo canadiense. Por encima de cualquier parentesco existente entre los ciudadanos de los Estados Unidos y los del Canadá, como norteamericanos, hay una relación histórica especial, entre los negros americanos y los canadienses.

El Canadá no es para los negros, simplemente es un país vecino. En lo más profundo de nuestra historia por la conquista de la libertad, Canadá era la estrella polar. El esclavo negro, privado de educación, deshumanizado, prisionero en crueles plantaciones, sabía que lejos, en el norte, había una tierra en la que el esclavo fugitivo, si podía sobrevivir a los horrores de la huida, podía encontrar la libertad. El legendario Ferrocarril Subterráneo, empezaba en el sur y terminaba en Canadá. El camino de la libertad nos unía. Nuestros Cánticos espirituales, tan admirados ahora en todo el mundo, eran a menudo códigos. Cantábamos sobre el cielo que nos esperaba y los propietarios de esclavos nos escuchaban inocentemente, sin darse cuenta de que nos referíamos al más allá. El cielo era la palabra que designaba al Canadá, y el negro cantaba sobre la esperanza de que el Ferrocarril Subterráneo le llevaría hasta allí. Uno de nuestros espirituales, «Follow the Drinking Gourd», contenía, disimuladas en la letra, las instrucciones para la huida. El cuenco era la Osa Mayor, y la Estrella Polar, que les dirigía, dibujaba un mapa celeste que señalaba el trayecto hasta la frontera del Canadá.

MARTIN LUTHER KING, Jr.

1

La música llenaba por completo el alojamiento de los esclavos en la plantación de Jeb Hensen en Virginia. No se podían oír las palabras y sólo ellos eran capaces de sentir las variaciones de la melodía.

Julilly canturreaba sentada a la puerta de su cabaña, esperando que volviera Mamá Sally del fogón de la cocina de la Casa Grande. Era serena y negra como la noche. La letra de la canción golpeaba su cabeza.

> *Cuando Israel estaba en tierra egipcia*
> *dejad marchar a mi pueblo*
> *tanta opresión no podían resistir*
> *dejad marchar a mi pueblo.*

Al viejo Massa Hensen no le gustaba aquella canción. Decía que le recordaba los tiempos en que los rumores y la angustia lo llenaba todo. Y había rumores aquella noche, se deslizaban de oreja a oreja silenciosos como el brillo de las luciérnagas.

Aunque era junio y el calor variable del verano recién estrenado llenaba el aire con fragancia de madreselva, Julilly temblaba. Estiró su burda camisa de estopa para cubrir sus rodillas, pero había crecido y hacía tiempo que le quedaba demasiado corta. Y no era que Massa Hensen no le diera ropa. El era bueno para sus esclavos. Lo que ocurría era que, a sus doce años, Julilly crecía más de prisa qué las otras chicas de la plantación.

—Tiene altura suficiente para trabajar como una mujer en los campos de algodón —decía Massa Hensen.

—Mi June Lilly es todavía una niña, aunque haya crecido muy de prisa —protestaba Mamá Sally—. Una mujer tiene que trabajar muchas horas para recoger el algodón.

Julilly se llamaba June por haber nacido en junio y Lilly porque a Mamá Sally le gustaban mucho los lirios. Casi todos juntaban los dos nombres y la llamaban Julilly. Pero Mamá Sally no lo hacía nunca.

Julilly entró en la cabaña donde vivía con Mamá Sally. Un tronco de pino ardía en la chimenea del rincón. Sus llamas azules no parecían dar calor. Dentro sólo había soledad y vacío. Cuando Mamá Sally volviera todo sería distinto, notaría el calor del fuego y las sombras invitarían al sueño.

Era una cabaña pequeña, de tejado impermeable y suelo de madera, igual que todas las cabañas de esclavos de Massa Hensen.

—Es la mejor cabaña de Virginia —decía Mamá Sally.

Pero también le gustaba la Casa Grande, fresca y espaciosa, donde las paredes eran suaves y el suelo limpio y reluciente.

Los rumores que llenaban el aire nocturno habían empezado aquella mañana, cuando el viejo John, el cochero, llevó a Missy Hensen hasta la ciudad. Julilly y los demás esclavos se enteraron más tarde de lo sucedido.

Missy Hensen, con aire nervioso e inquieto, estaba sentada en el asiento del coche y hablaba con el viejo

John de trasladarse al norte a vender cosas. Decía que su marido, Jeb Hensen, era viejo y estaba enfermo y tenía que ir a un hospital en Richmond. Y no tenía parientes a quienes dejar las cosas.

—La tierra está agotada, viejo John —se lamentaba—. Ya no le queda vida para producir tabaco, ni algodón, ni ninguna otra cosecha.

El viejo John asintió. Sabía que los amos de Virginia habían utilizado la tierra hasta hacerla sangrar y morir. Ya no quedaban cosechas que vender y por eso empezaba a criar y vender esclavos. Había tierras fértiles en el lejano sur. Allí los amos necesitaban esclavos que trabajaran sus campos.

Cuando Missy Hensen y el viejo John llegaron a la ciudad, había mucha excitación frente al Juzgado. Missy Hensen fingió no verlo. El viejo John, que no sabía leer, oyó cómo los blancos hablaban de unos carteles pegados en la puerta del Juzgado que decían: MAÑANA PAGAREMOS LOS MEJORES PRECIOS POR BRACEROS DE PRIMERA CLASE.

Al viejo John le temblaron las manos sobre las riendas del caballo. Un comerciante de esclavos llegaba desde el lejano sur a su ciudad para comprar y Jeb Hensen hacía planes para marcharse.

Pronto, todos los esclavos de la plantación de Hensen supieron lo del comerciante que llegaba a Virginia. Aquellas noticias se extendían como una llama a través del viento de una plantación a otra. Se oían toda clase de rumores. Algunos decían que el comprador alineaba a los esclavos, uno junto a otro como vacas o cerdos y que le daba igual vender una madre a un comprador y sus hijos a otro.

Decía la gente, que en el lejano sur incluso los niños más pequeños cargaban herramientas más grandes que ellos para cortar el algodón, y decían que les azotaban si no hacían el trabajo como el capataz había ordenado.

9

Massa Hensen no daba muchos latigazos en su plantación.

—Demasiado blando —decían los demás propietarios de esclavos.

Aquella tarde, cuando el viejo John volvió de su viaje a la ciudad, se acercó cojeando a los chicos del establo.

—Mañana viene un comerciante de esclavos del lejano sur —su voz temblaba.

Los chicos del establo corrieron como sapos hasta los niños que llevaban el agua a los trabajadores de los algodonales.

—Va a venir un comerciante de esclavos del lejano sur —decían muy bajo.

Y el mensaje se extendió arriba y abajo de las hileras de algodón, veloz como el vuelo de un pájaro.

Julilly escuchaba, mientras cortaba algodón bajo el sol ardiente. Cuando llegó la hora de comer corrió hacia la Casa Grande para decírselo a Mamá Sally. Por un instante, la mujer irguió su cuerpo delgado y levantó la cabeza con orgullo.

—Oh, Señor —dijo—, ahora necesitamos tu protección.

Luego, Mamá Sally apretó los labios y se quedó en silencio. Los temores que habían revoloteado por la cabeza de Julilly como las alas de un mirlo, se alejaron. Mamá Sally la cuidaría. Era su única hija.

Pero ahora, que era de noche, Julilly estaba acurrucada, temblando, cerca de la puerta de la cabaña. El suelo de madera era caliente y seco. El chotacabras (1) cantaba su canción vespertina y la luna, redonda y anaranjada lo llenaba todo con luz suave. Pero ella tenía los

---

(1)   Ave trepadora insectívora.

pies fríos y las manos congeladas. Una extraña sensación flotaba en el ambiente, como la calma inquietante que precede a la tempestad.

Entonces llegó Mamá Sally. Sus pies descalzos no hacían ningún ruido sobre el polvo. Se acercó a Julilly y le cogió las manos, luego la abrazó y se inclinó hacia la pequeña llama azul. La luz tiñó de añil su cara serena.

—June Lilly, hija —dijo en voz baja, meciéndola lentamente—. Ya sabes que un mercader de esclavos está en la ciudad. Algún esclavo será vendido.

—¿Quién mamá? —Julilly volvió a tener frío y temblaba.

—Nadie puede saberlo —contestó Mamá Sally, moviendo la cabeza—. Massa Hensen está enfermo y se marcha y Missy Hensen dice que no puede tenernos a todos. La mayoría de nosotros hemos vivido siempre aquí.

Mamá Sally tocó el suelo con la mano.

—Tú naciste aquí, June Lilly.

Julilly ya lo sabía. Sabía también que su padre murió al morderle una serpiente, el día que ella nació.

Mamá Sally se puso de pie, levantó la cabeza y la redecilla blanca que sujetaba el pelo canoso se volvió dorada por el resplandor del fuego. Se irguió hasta casi tocar el techo de la cabaña. Apretó los labios y clavó los ojos en los de su hija.

Tenemos que rezar mucho, June Lilly. Y si el buen Señor no puede ayudarnos ahora, tenemos que creer que pronto lo hará.

—Sí mamá —Julilly se sentía orgullosa de aquella mujer alta y hermosa.

—Hay tres cosas que quiero decirte, hija —Mamá Sally volvió a abrazarla—. Reza siempre al buen Dios, y siéntete orgullosa cuando recuerdes que has tenido un padre fuerte y valiente y una madre que te quiere.

Mamá Sally acercó los labios al oído de su hija.

—Esto que voy a decirte es un secreto. Los esclavos

han estado hablando de un lugar que se llama Canadá.
La ley no permite allí la esclavitud. Dicen que hay que
viajar hacia el norte siguiendo la estrella polar. Cuando
pisas aquella tierra, ya eres libre.

Se oyó el crujido de unos pasos cerca de la cabaña y
Mamá Sally, apartando suavemente a Julilly, dijo con
voz alta y tono irritado.

—Ahora, June Lilly, te vas a echar en la manta del
rincón y te vas a dormir en seguida. Antes de que te des
cuenta, el reloj hará sonar la campana de la mañana
para anunciarnos un nuevo día de trabajo.

La conversación, cuando se pensaba que alguien podía escuchar desde fuera, era siempre distinta en la manera de dirigirse a las personas con las que se hablaba dentro. Julilly ya lo sabía y sonrió. Se tumbó en el suelo
junto al fuego y se envolvió en una manta.

«Canadá»

El nombre le daba vueltas en la cabeza una y otra
vez. El mercader de esclavos parecía ser un gran proble-
ma. Pero nunca había habido problemas en la plantación de Hensen. A ella y a Mamá Sally no las vende-
rían.

Julilly bostezó y tarareó en silencio una canción. La
letra le hizo sonreír y olvidar aquel día tan inquieto.

Massa duerme en su lecho de plumas,
el negro duerme en el suelo;
cuando vayamos al cielo
no habrá nunca más esclavos.

2

Aquella mañana, amaneció en los pabellones de esclavos de la plantación del amo Hensen antes de que la luz iluminase el cielo pesado y negro. Eran las cuatro y el viejo cuerno de cabra del amo Hensen rugió y resonó hasta que no quedó nadie dormido. El olor a tocino frito que salía de las cocinas de las cabañas ayudaba a despertar a los niños.

Julilly tomó una rebanada de bollo y una taza de leche que le preparó Mamá Sally. Desde el granero llegaba el canto agudo y claro de los gallos.

Como cada mañana, Julilly se desenredó su pelo rizado y se lo ató en un moño. Pero Mamá Sally que llevaba siempre su pelo bien sujeto con una redecilla blanca y limpia, se había puesto una negra aquella mañana. No había alegría en su voz fuerte y potente cuando llamó a un esclavo y luego a otro que pasaban por delante de la puerta. Su ceño fruncido por la preocupación, resaltaba más las arrugas de su frente.

—Hija —dijo con tono dolorido—, hoy los negros vamos a tener problemas.

—Apretó los labios y sus ojos revelaban su irritación, pero su voz era tranquila cuando, estrechando las manos de Julilly con sus largos dedos, negros y callosos, dijo:

—El Señor nos ayude. Hoy van a vender trabajadores y tú eres uno de ellos, June Lilly. Tal vez nos separen.

Julilly no lo entendía. Mamá Sally no podía dejar que aquello pasase.

—Si nos venden por separado, June Lilly, y Dios no lo quiera —dijo la madre— no olvides la tierra de la libertad de la que te hablé. Tú y yo somos fuertes. Llegaremos allí guiadas por la estrella polar y con la ayuda del buen Dios.

De pronto, una voz estridente chilló fuera.

—¡Eh, vosotros!, los braceros negros. Alinearos a este lado del camino y no seáis remolones.

Un látigo chasqueó en el aire.

Mamá Sally abrazó a Julilly y salieron fuera para unirse a la hilera de trabajadores. El hombre de la voz estridente paseaba arriba y abajo frente a ellos. Era corpulento y tenía el cuello corto y grueso. Su cara se movía y resoplaba a cada paso. Julilly se dio cuenta de que se le hinchaban los dedos de la mano que chasqueaba el látigo. En la boca, llevaba un palillo que sostenía con dos dientes amarillos. A Julilly no le gustaba su piel grasienta ni su pelo castaño descolorido que estaba enredado y sucio. Los pantalones le estaban anchos y estaban llenos de manchas y tenía unos ojillos verdes y furtivos.

Se acercó a Lily Brown, una joven y tímida madre de apenas diecisiete años, que llevaba a su hijito Willie, de dos, apretado en sus brazos.

El hombre gordo se detuvo un momento junto a ella, sus ojos parecieron achicarse más, con su mano grasienta frotó la espalda desnuda de Willie.

—Este sí que es un negrito gordo y fuerte —le dijo a un joven blanco que iba detrás de él—. Métele al carro.

Willie fue arrancado de los brazos de su madre, sin ningún comentario.

Lily dio un grito y cayó al suelo.

Julilly quiso correr hacia ella pero la mano firme de Mamá Sally la detuvo.

El hombre gordo se había detenido frente a ellas, con su palillo apretado en los labios. Le metió uno de sus gruesos dedos en la boca y le examinó los dientes. Satisfecho, le levantó los párpados.

—Me mira como el viejo John a los caballos —pensó Julilly con rabia.

—Esta también servirá —dijo el hombre mayor al joven que acababa de meter a Willie en el carro—. Es fuerte y sana y todavía tiene que crecer. Ve allí, chica, y sube al carro.

Y siguió revisando la hilera.

Julilly no se movió. Miró a su madre y por primera vez en su vida, vio miedo en los ojos de Mamá Sally.

—Obedece, hija —la voz de su madre la sorprendió—. Tienes que hacer caso a ese hombre si quieres salvar la vida. Pero no olvides el lugar del que te hablé.

El hombre gordo miró atrás y gritó:

—Sube a ese carro, chica, si no quieres que yo te enseñe a saltar con el látigo.

De un lado a otro de la hilera de esclavos se podían oír llantos y lamentos. Al comerciante no le importaba, ni siquiera los oía. Agitaba el látigo en el aire, arrebatando a los niños de sus padres y mandándoles al carro.

Julilly llegó al largo carro de madera y subió. Buscó a su madre con la mirada, pero a Mamá Sally la empujaron junto con los esclavos viejos hacia el cobertizo de las herramientas.

Julilly se quedó sentada, inmóvil y aturdida. El pequeño Willie Brown lloriqueaba junto a ella. Quería consolarle pero no podía levantar la mano, le costaba mucho tragar y no estaba segura de poder hablar.

Otros niños subían al carro. Eran más pequeños que Julilly. Se le acercaron. Sus cuerpecitos daban sacudidas como aquel pajarito que atrapó un día y que tuvo en su mano un momento, antes de soltarlo de nuevo.

Pusieron detrás del carro tres hombres en fila. Parecían árboles rotos, sus manos colgaban como las ramas de los sauces. Julilly conocía a los tres.

Uno era Ben, sólido y fuerte y tan negro como la noche, capaz de formar una montaña de leña más alta que su cabeza en el tiempo que los demás preparaban un montoncito. Otro era Adam, cariñoso y amable, con una voz tan grave que cuando cantaba, recordaba el agujero ciego de un árbol. Y el tercero era Lester el mulato de piel manchada y ojos furiosos. Todos estaban casados y tenían uno o dos niños. Ni siquiera se movieron cuando el hombre gordo les ató las piernas a unas cadenas con sus dedos hinchados y aceitosos.

Julilly pensó que la cadena parecía una serpiente de plata. Se enroscaba en el suelo, alrededor de los hombres y llegaba hasta la trasera del carro en donde mordía un candado que la mantenía sujeta.

Otro hombre blanco desconocido llevó un caballo de tiro delante. Julilly no se atrevía a mirarle. Sintió el tirón del carro y el rebote del hombre cuando se sentó en el pescante.

—¡Arre! —gritó chasqueando las riendas.

Sonó la cadena y los hombres, que no estaban acostumbrados a andar con las piernas atadas, intentaron acoplar su ritmo.

El hombre gordo, todavía con el palillo en la boca, iba detrás, montando un reluciente caballo negro.

Bajaron por la carretera polvorienta y pasaron frente a las cabañas de esclavos y junto a la casa del amo Hensen. Estaba vacía. No había cortinas en las ventanas ni sillas en su amplio y sombreado porche. Massa y Missy Hensen se habían marchado.

3

El carro con los niños esclavos bajaba lentamente por la carretera. El sonido que producían los hombres encadenados era rítmico. A Julilly le pareció un ritmo triste como el de las campanas cuando tocan a muerto.

Julilly no pensaba más que en Mamá Sally. Cada vez que el carro giraba y tomaba una nueva carretera, esperaba encontrar a aquella mujer alta y fuerte que vendría a librarla de su pesadilla. Pero todas las carreteras estaban vacías.

Los niños que la rodeaban llevaban poca ropa. Se apretaban contra Julilly con su piel caliente y seca y lloriqueaban como ovejitas descarriadas. Julilly sostenía entre las suyas dos manitas pegajosas por el sudor y el polvo.

Hacía calor. Julilly vio al hombre, que conducía el carro, secarse la frente con un trapo azul mientras sacudía el látigo sobre el fatigado caballo.

El hombre gordo y grasiento que iba detrás chasqueaba su látigo por encima de las espaldas de Ben, Adam y Lester, que arrastraban las cadenas.

El carro pasó, tambaleándose, por delante de verdes campos de algodón y extensas plantaciones de tabaco. Los esclavos trabajaban en hileras como lo hacían en la

19

finca de Massa Hensen. Julilly se preguntaba si pararían en alguno de aquellos campos. ¿Por qué seguían siempre adelante? ¿Dónde estaba el lejano sur del que hablaban los comerciantes de esclavos?

Los niños habían dejado de llorar, tenían la boca demasiado seca para articular ningún sonido. Los pinos silenciosos y los anchos robles no sombreaban el camino por el que pasaba el carro.

Los niños pidieron agua. Julilly también necesitaba agua. Empezó a ver luminosos charcos de agua en el suelo, delante del carro, pero desaparecían según se iban acercando.

El hombre que conducía el carro bebía de una sucia botella y el agua le resbalaba por la barbilla. Los niños le miraban con ansia.

El carro comenzó a subir una colina pequeña y al final de ella había otra mayor y después otra. Las colinas se sucedían como los peldaños de una escalera. Los árboles, cada vez más frondosos, refrescaban el aire. Una rápida corriente de agua brillaba encima de ellos, salpicando el aire. Los niños se agarraron a Julilly con los ojos llenos de terror. Nunca habían visto una catarata.

El hombre gordo ordenó parar al cochero. Descansarían un rato, él tenía que llenar su cantimplora.

Julilly no se atrevía a moverse. Los hombres encadenados cayeron al suelo. El hombre gordo fue hacia la corriente montado en su caballo mientras el conductor se tumbaba a descansar bajo un árbol.

Julilly y los niños miraban las salpicaduras del agua. Cerca de la corriente había un hombre blanco y alto que cortaba leña con un hacha. Un muchacho negro trabajaba junto a él colocando los troncos en un montón ordenado.

Los niños recordaron a Julilly que tenían sed.

—Julilly, queremos agua.

—Por favor, Julilly, danos agua.

Hasta aquel momento, Mamá Sally la había sacado de todos los apuros. Ahora Julilly sentía una punzada en la garganta y el miedo a lo desconocido la invadía. El hombre gordo era extraño y cruel. El agua de la cascada también le era extraña y le aterraba. Ben, Lester y Adam parecían desconocidos y estaban indefensos. Sólo Lester, el mulato, erguía la cabeza con los ojos llenos de furia. Julilly vio que tenía sangre en las piernas por el roce de la cadena.

El hombre alto que trabajaba junto a la cascada miró hacia el carro y vio a los niños esclavos. Dejó el hacha y se acercó a ellos indicando al muchacho negro que le siguiera.

No llevaba látigo. Tenía la cara huesuda pero amable. Un sombrero gris de ala ancha cubría su cabeza y también era gris su larga chaqueta sin cuello. Se dirigió a Lester.

—¿Por qué lleváis cadenas? —preguntó en voz baja.

Lester señaló al conductor del carro y al hombre gordo.

—Nos han separado de nuestras mujeres y de nuestros hijos. Nos han encadenado para que no escapemos y volvamos junto a ellos. Nos han vendido.

El hombre alto movió la cabeza.

—Necesitáis agua —dijo.

Se dirigió al chico negro.

—James, llena el cubo grande de agua y trae los cuencos.

Unos minutos después apareció con el cubo en la carretera. Llenaron los cuencos y bebieron los hombres. El muchacho se acercó a Julilly y le ofreció un cuenco lleno hasta el borde. Lo sostuvo mientras bebía ansiosamente dos sorbos. Luego ella cogió el cuenco con las dos manos y lo acercó con cuidado a la boca de cada niño.

Quería darle las gracias, pero no sabía cómo hacerlo.

—¿Eres esclavo de ese hombre alto? —le preguntó.

—No —contestó el chico rápidamente—. Yo soy libre. El señor Fox me paga por cortar leña.

Antes de que Julilly pudiera decir nada más apareció el hombre gordo trotando por la carretera. Sacudió el látigo sobre los hombres encadenados y gritó:

—No escuchéis a ese cuáquero abolicionista ni a ese liberto negro. Llevan el mal en sus palabras y la destrucción en sus actos.

El conductor se desperezó y saltó a su asiento. El carro empezó a andar dando sacudidas. Las cadenas chirriaban.

Julilly miró al muchacho negro. Estaba junto al hombre alto y tenía las manos crispadas. Las lágrimas mojaban su cara.

Algo del miedo y del dolor que sentía Julilly había desaparecido. Repetía para sí las extrañas palabras que había pronunciado el hombre gordo; «cuáquero abolicionista...» «negro liberto...». Se preguntaba si aquellas palabras tendrían algo que ver con el Canadá.

4

Pasaban los días, todos iguales. Aquel carro se había convertido en el hogar de Julilly y de los niños. Sus chirridos y estruendo eran como un muro que les aislaba de los gritos del hombre gordo y del sonido de las cadenas.

A veces, al llegar la noche, el frío hacía detenerse el carro. Los niños se agarraban a Julilly y ella intentaba darles calor con sus brazos delgados, pero fuertes.

De día, el sol abrasador quemaba la carretera y levantaba polvo. Julilly refrescaba la boca a los niños con agua del cuenco que le había dado el muchacho negro. Siempre lo llenaba cuando el carro se detenía junto a un río y el hombre gordo les daba a cada uno una torta de maíz fría con grasa untada por encima. También usaba el cuenco para echar agua sobre los tobillos hinchados y sangrantes de Lester, Adam y Ben cuando los blancos les dejaban para ir a pescar a la orilla de un río.

Julilly casi no hablaba. No había nada que decir. Pero compartía el miedo y la ira con los demás. Algunas veces, cuando el conductor dormía y el hombre gordo se iba a pescar, había pensado en saltar del carro y escapar corriendo hacia los bosques. Pero ¿quién iba a cuidar a los niños en el carro?, ¿quién echaría agua sobre los tobillos de Lester, Adam y Ben? Ella era la única persona fuerte y libre que podía ayudarles.

La cabeza erguida y orgullosa de Lester hacía que el látigo del hombre gordo cayera una y otra vez sobre su espalda. Los niños lloraban y el látigo se cernía amenazador sobre sus cabezas.

—Cerrad esa negra boca u os haré sentir el látigo —les gritaba el hombre gordo.

Como respuesta, Julilly se ponía a cantar con voz lenta, dulce y profunda, y los niños la escuchaban y recordaban a sus madres y a sus cabañas en la plantación de Massa Hensen. Julilly recordaba a Mamá Sally y cantaba las canciones que ella le había enseñado.

Me voy a la tierra prometida.
Me voy a la tierra prometida.
¡Oh! ¿Quién vendrá conmigo?
Me voy a la tierra prometida.

Un día el carro vadeó un pantano de cipreses. El agua inmóvil era como un espejo que reflejaba los árboles altos y rectos. La luz producía reflejos sobre la superficie. Qué maravilla, pensó Julilly y contuvo la respiración.

Pero el barro húmedo del pantano se tragaba las pesadas cadenas y tiraba de las piernas de Ben y Adam. Cayeron al agua chapoteando, sin aliento. Lester les tiraba de los brazos mordiéndose los labios para contener el dolor de sus piernas heridas. Consiguió sacarles con la fuerza de sus poderosos músculos. El látigo del hombre gordo seguía azotando, a través del agua y del barro, las espaldas mojadas de los esclavos.

De pronto un chaparrón cayó sobre los cipreses. El conductor del carro levantó los hombros para juntarlos con el ala de su ancho sombrero que le servía de paraguas. El hombre gordo se adelantó para protegerse bajo

un árbol frondoso. No había nada que pudiese proteger a Julilly y los niños ni a los hombres que intentaban salir del barro que de nuevo estaba hundiéndoles.

Julilly perdió el miedo. Tenía que ayudar a aquellos hombres. Tal vez era lo que solía decir Mamá Sally:

—El Señor te ha hecho alta y fuerte por alguna buena razón.

Se fue hacia el final del carro y comenzó a bajar por un lado. Entonces vio que Lester, inmóvil, le miraba fijamente. Negó con la cabeza como advirtiéndola de que no lo hiciera. Pero la ira de su cara se cambió por una sonrisa rápida y sus ojos la miraron con orgullo y aprobación. ¡Lester estaba orgulloso de ella!

Julilly chapoteó en el pantano y levantó la embarrada cadena. Sin aquel peso los hombres consiguieron levantar las piernas. El caballo arrastró el carro hasta un lugar firme y Julilly volvió con los niños.

Paró de llover y el sol derramó su luz caliente sobre ellos. Julilly empezó a cantar:

> *Jenny parte el maíz y no me importa,*
> *Jenny parte el maíz y no me importa,*
> *Jenny parte el maíz y no me importa,*
> *¡Estaba lejos de mi Massa!*

Los niños sonrieron y le pidieron que lo cantara otra vez.

5

Un día, la tierra volvió a ser llana y a los dos lados de la carretera se veían campos verdes llenos de plantas de algodón. Entre las hileras, unas filas de esclavos trabajaban la rica y negra tierra con sus azadones de mango largo.

—Parece que estamos en el viejo Mississippi —dijo el hombre gordo dirigiéndose al conductor que botaba en su asiento.

—Ya falta poco.—aquella era una de las pocas frases que pronunció el conductor durante todo el viaje.

Julilly sentía miedo y alivio al mismo tiempo. Aquél debía ser el temible lejano sur del que hablaban todos los esclavos de Massa Hensen, pero por otro lado significaba que el viaje había terminado y el carro por fin iba a detenerse. Incluso ¿podía ocurrir que Mamá Sally estuviera allí?

En una curva de la carretera, el carro giró hacia un camino que parecía conducir directamente a un campo. El conductor y el hombre gordo estaban tensos y nerviosos. Se peinaron y se estiraron la camisa arrugada y los pantalones sucios lo mejor que pudieron.

La carretera se hizo lisa y dura y el carro dejó de dar saltos. A los lados, en lugar de arbustos, había largas hileras de robles altos y retorcidos que terminaban en una

28

parcela de hierba espesa y verde. Para darle sombra había tres frondosas magnolias. Unos capullos frescos y blancos crecían entre las hojas gruesas y brillantes. A Julilly le recordaron las servilletas de lino blanco que se tendían en la Casa Grande de Missy Hensen.

Cuando Julilly vio la Casa Grande de aquella finca se quedó con la boca abierta. No se parecía a la de Massa Hensen. Unas columnas limpias y blancas levantaban la casa más grande que había visto nunca. Entre ellas se abría un tramo de escaleras espléndidas como la cola de un pavo real. Una pareja de blancos estaban sentados en sillas de mimbre sobre el césped. El hombre era alto y delgado. Julilly se fijó en su pelo rojo y en su barba del mismo color, recortada en punta. Tenía las piernas cruzadas y sus botas altas brillaban como si estuvieran mojadas. Agitaba su látigo de montar y se reía de un grupo de gansos blancos que desfilaban frente a él. La mujer era frágil y estaba reclinada en su silla entre los vaporosos pliegues de su vestido rosa. No miraron hacia el carro y apenas se fijaron en el hombre gordo que se acercaba hacia ellos hasta que dijo:

—Buenos días, señor —y se inclinó ligeramente.

—Bien, Sims —dijo el hombre de la silla—. Nos has traído un triste manojo de esclavos.

Y miró a Adam, Ben y Lester.

—Llévalos al cobertizo de los negros y procura que estén listos para trabajar mañana por la mañana.

—Sí, señor —y volvió a saludar—. Buenos días, señora Riley, señor Riley.

El hombre gordo se dirigió hacia el carro de los esclavos.

—De manera —pensó Julilly— que ésta es la plantación Riley y aquél es el Massa, como Massa Hensen.

Y de pronto, se dio cuenta de que Sims, el gordo, era el capataz. El jefe de todos los esclavos.

El carro retrocedió y enfiló una estrecha carretera

que había detrás de la Casa Grande. Julilly pensó que debía de ser domingo porque todos los esclavos estaban en sus casas. Se preguntó si los domingos serían allí como en la plantación de Massa Hensen, en donde se dejaba el trabajo del campo y se hacía la colada, se dedicaban a la repostería o a hacer visitas. Y tal vez, también allí se podría conseguir un banjo y cantar y bailar.

Los niños del carro se asomaban ansiosos a los lados del carro esperando ver su casa o encontrar a su madre.

Julilly se acurrucó en un rincón, aquel no se parecía al campamento de esclavos de la otra plantación. No se oían risas y apenas palabras. Los viejos ociosos se apoyaban en las puertas de sus cabañas desvencijadas. Los niños, de piernas delgadas como patas de pollo, se rascaban con palos y plumas sentados en el suelo. Tenían las mejillas hundidas y no había sonrisas en sus caritas.

En la plantación de Massa Hensen había jardines alrededor de las cabañas e incluso alguna gallina picoteando. Pero aquellas cabañas eran bajas y feas. Las puertas tenían las bisagras rotas y los troncos de las paredes dejaban rendijas.

En los ojos de los esclavos se reflejó el miedo y el odio cuando Sims, el hombre gordo, se acercó a ellos. Se detuvo frente a la fila de cabañas y se pasó la mano regordeta por el pelo aceitoso. Luego gritó con voz estridente:

—Vamos, algunos de vosotros, negros holgazanes, llevad a estos chicos al cuarto de las herramientas y quitadles las cadenas. Tienen que estar listos para trabajar mañana.

Y señaló con su pesado pie a Adam, Ben y Lester.

El carro en que viajaba Julilly se detuvo frente a una construcción más larga que las otras cabañas.

—Encárgate de estos niños, abuela —dijo a una mujer vieja y hosca, que llevaba en la boca una pipa vacía.

Una mujer más joven se acercó al carro y fue metiendo a los niños, uno por uno, en la casa. Los pequeños lloraban y se agarraban a Julilly, pero la mujer los tapó la boca con su mano grande y negra y los metió en seguida por la puerta medio hundida.

Julilly se bajó del carro para seguirles. El pequeño Willie Brown se soltó de la vieja y se agarró a la falda de Julilly.

—¡Julilly! —gritó.

Sims frunció el ceño y les miró con ira.

—Cierra la boca de ese niño, abuela —ordenó a la vieja.

La mujer agarró a Willie con su mano como una garra y le tapó la boca con la otra.

Sims estudió a Julilly entornando los ojos.

—Está alta para su edad y es fuerte. Ponedla con los negros del campo que no tienen familia.

Y sacudió el látigo señalando otra cabaña. Julilly se alejó de los niños y entró en la nueva cabaña, larga y fea. La escasa luz del interior procedía solamente de la puerta abierta y de las rendijas entre los troncos de las paredes. El suelo, duro y sucio, estaba abarrotado de chicas, cada una echada en un montón de trapos. Julilly no buscó a Mamá Sally. No deseaba encontrarla allí.

Había un sitio junto a una muchacha hosca y encorvada. A pesar de la penumbra, Julilly pudo ver unas horribles cicatrices en sus piernas y en su cara.

—Soy Liza —su voz dulce se oyó entre las sombras reflejadas en la pared.

Julilly se sentó junto a ella.

6

Liza fue la única entre todas las esclavas de aquella habitación, que habló y dio la bienvenida a Julilly. Las demás chicas estaban enfermas de apatía.

Liza alargó la mano y tocó la de Julilly.

—¿Te han separado de tu madre? —preguntó.

Julilly asintió, entonces, por primera vez desde que había salido de la plantación Hensen, se echó a llorar. El gordo Sims no podía verla y a aquellas chicas no les importaba nada.

En la oscuridad de la habitación sólo se oía el llanto de Julilly. La chica de la espalda encorvada se acercó más y esperó. Pasó mucho tiempo antes de que Julilly se tranquilizara.

—Este es un mal lugar —susurró Liza.

—¿Llevas aquí mucho tiempo? —preguntó Julilly.

Liza la miró más de cerca y respondió:

—Llegué el verano pasado para la recogida del algodón. Me vendieron unos, me compraron otros y me echaron aquí a vivir como un cerdo.

Hablaba en voz baja y dulce y Julilly tenía que hacer un esfuerzo para entenderla.

Hubiera querido hacer más preguntas, pero no estaba segura de querer saber las respuestas.

—Te has fijado en mi espalda encorvada y en las heridas de mis piernas —dijo Liza de pronto como si leyera los pensamientos de Julilly.

—Al viejo Sims le gusta pegarme —continuó con acento cansado—. Intenté escapar pero me cogieron. El viejo Sims me azotó de manera que creí que iba a morir.

Julilly sintió un escalofrío. Tenía un nudo en la garganta que hacía latir su pulso a sacudidas.

—Los esclavos de la finca de Massa Hensen tenían miedo de la región del Mississippi.

—¿Sabes lo que me dijo una vez mi padre? —dijo Liza más tranquila—. Era predicador en su pueblo y me decía «Liza, el alma es negra o blanca según sea la vida del hombre y no según su piel». Creo que el viejo Sims tiene el alma como un nabo podrido.

Las dos chicas sonrieron.

El sonido de una campana puso en movimiento a las apáticas muchachas que se levantaron y empezaron a salir por la puerta. Julilly y Liza las siguieron.

El sol era cegador al salir de la oscuridad de la cabaña. Julilly cerró los ojos un momento y cuando los volvió a abrir se preguntó si era verdad lo que estaba viendo. Los niños pequeños, desnudos, se acercaban corriendo a un comedero de madera situado en el patio. Un hombre echaba dentro del comedero un puré de maíz que sacaba de un cubo mugriento. Los niños se empujaban y se apartaban unos a otros para comerse aquella sopa amarilla hasta que no quedó nada.

Julilly buscó al pequeño Willie y a los otros niños que habían viajado con ella en el carro, pero no estaban allí, todavía no habían aprendido a comer como los cerdos. Pero ella sabía que no tardarían en hacerlo o se quedarían sin comer.

Liza metió a Julilly en el grupo de chicos y chicas que se agrupaban alrededor de una olla negra en la que

cocían unas coles verdes que desprendían vapor, de vez en cuando se veía flotar algún trozo de tocino. Cada uno llevaba una cazuela que metía en la olla.

Nadie hablaba mucho. Tenían demasiada hambre.

Cuando Julilly vació su cazuela, no encontró nada más para llenar su dolorido estómago que un tazón de agua.

De nuevo, Liza cogió a Julilly del brazo y la llevó a la cabaña donde le hizo quitarse su rota camisa de estopa y ponerse un saco lleno de agujeros.

—¿Para qué es esto? —protestó Julilly.

—Los domingos lavamos algunos de los viejos trapos que llevamos durante la semana —dijo Liza con aire malhumorado.

A veces, se la podía confundir con una vieja jorobada si no se veía la piel suave de su cara y sus jóvenes ojos llenos de sufrimiento.

Las chicas metieron la ropa sucia en un lavadero en el patio de los esclavos y la sumergieron varias veces en el agua hirviendo.

—Aquí tienes tu bastón de batalla —dijo Liza entregando a Julilly un palo fuerte—. Se pone la camisa en este madero y luego se la golpea con el palo para que salga la suciedad.

Al final, la miserable colada se tendía a secar en una raída parra.

Aquella noche, Julilly entró en la larga y destartalada cabaña que albergaba a las chicas sin padres y se acostó junto a Liza que compartió con ella su montón de trapos. Nadie hablaba, todas dormían. Julilly pensaba mirando la oscuridad. Sentía miedo de que llegase la mañana porque sabía que Sims volvería. Liza había dicho que el algodón de algunos campos estaba listo para cortar. También pensaba en los niños y en Adam, Ben y Lester y sobre todo se preguntaba dónde estaría aquella noche Mamá Sally.

—Señor, ayudanos a encontrarnos de nuevo —rogó y luego se quedó dormida.

Le pareció que sólo habían pasado unos minutos cuando una campana de sonido penetrante resonó en la oscuridad. Liza la levantó de un brazo y la hizo salir por la puerta. Fuera ardía un fuego bajo los árboles. Una fila de esclavos pasaba junto a él. Julilly los siguió. Cada uno recibía una torta de maíz y un tazón de agua para desayunar. La fila continuaba andando en silencio y recogían un cubo. Cuando Julilly miró el suyo vio que contenía otra torta de maíz y una loncha fría de bacon.

—Es para el almuerzo —explicó Liza—, no te lo comas ahora.

La fila avanzaba, mujeres, hombres y niños mezclados. Les dieron a cada uno un saco, arrugado y deformado, que debían atarse al cuello. Julilly sabía que cuando acabase el día, habría llenado más de un saco de blancas bolas de algodón.

Julilly sabía cortar algodón desde hacía tres años. El capataz de Massa Hensen siempre comentaba que lo hacía muy bien, no rompía los tallos y sabía utilizar las dos manos para arrancar las bolas y ponerlas en el saco sin que se cayera ninguna.

La fila de esclavos parecía interminable. Caminaban hacia el campo detrás del gordo Sims, que se balanceaba sobre su caballo.

Julilly seguía a Liza. La veía cojear e inclinarse hacia delante, como si la pesase demasiado el saco que aún estaba vacío.

—Demasiados latigazos —comentó detrás de Julilly una esclava señalando a Liza.

El sol no había salido todavía cuando empezó la recolección.

Un grito agudo en uno de los extremos de la hilera de algodón dejó a Julilly con las manos en el aire. El gordo Sims, había bajado de su caballo y daba latigazos en la espalda a un viejo de pelo blanco.

—Disfruta pegando a los viejos y a los lisiados como yo —dijo Liza en voz baja y sin levantar la cabeza.

Julilly se dio cuenta de que Liza no llegaba a las ramas más altas a causa de su espalda encorvada y empezó a arrancar las bolas blancas de las ramas superiores, dejando que Liza recogiera las de abajo. Su nueva amiga le dedicó una sonrisa agradecida.

La ira de Sims crecía como el sol. Cuando el trabajo decaía usaba el látigo. El miedo que sentía Julilly por aquel hombre se convirtió en desesperación y luego en un intenso odio. Nunca había odiado a nadie como a aquel gordo y bizco Sims. Evitaba mirarle y cuando se acercaba trabajaba con más gana y trataba de ocultar a Liza, que cortaba el algodón de las ramas inferiores agachada, debajo de ella.

El trabajo era pesado e igual, cortar, llenar el saco y vaciarlo en cestos. La comida escasa y el descanso de quince minutos era muy poco.

Cuando los esclavos dejaron de cortar algodón, hacía ya tiempo que se había puesto el sol. La larga caminata de regreso a las cabañas fue silenciosa. Sólo se oía el arrastrar de los pies por el suelo.

La noche era oscura, como el nido de una serpiente, en la cabaña en la que Julilly y Liza dormían sobre el montón de trapos en el suelo sucio y duro. No soplaba ni una brizna de aire y el calor del día se había quedado dentro.

Julilly estaba cansada y dolorida, tenía violentos tirones de hambre en el estómago. Les habían dado de cenar nabos con un poco de carne. Las otras chicas dormían profundamente en el suelo, Liza estaba desvelada. Alargó la mano en la oscuridad y tocó a Julilly.

—Eres una verdadera amiga —murmuró la chica lisiada—. Nadie me había cogido nunca el algodón de las ramas altas que yo no puedo alcanzar con mi pobre espalda.

Julilly sintió un fuerte impulso de protección hacia aquella muchacha apaleada y tullida por haber intentado escapar. La imaginó sola, corriendo hacia el pantano, chapoteando en el agua fangosa y durmiendo a la intemperie hasta que Sims la encontró.

Se acercó a Liza y empezó a contarle cosas de su vida en la plantación Hensen y detalles de la venta y el viaje con el gordo Sims.

Acabó por repetir lo que había dicho su madre sobre el Canadá y sobre la libertad que en aquel lugar se daba a los esclavos. Se sorprendió cuando Liza dijo que ella también había oído hablar del Canadá, y las dos chicas se pusieron a soñar antes de quedarse dormidas.

7

Los días calurosos de la recogida del algodón se hacían interminables en la plantación Riley. Desde el día en que llegó, Julilly no había vuelto a ver la hermosa Casa Grande ni a Massa Riley ni a su esposa. Sólo conocía la cabaña larga y baja de los esclavos y los campos de algodón.

Los salvajes latigazos de Sims formaban parte de la rutina de cada día. Hasta entonces no había tocado a Julilly. Su cesto de algodón, al final de cada día, pesaba más de cien libras. Se preocupaba también de que Liza llenase el suyo. Lo más horrible era cargar los cestos de algodón hasta donde estaba Sims, que podía encontrarlos escasos. Los viejos eran los que más sufrían. Veinticinco latigazos con el «gato de siete colas» era el castigo por no llegar al peso.

Julilly sentía náuseas cuando veía dar latigazos.

Liza y ella hablaban cada vez más del Canadá. Pero vigilando que nadie las oyera. Cualquier rumor de huida era castigado con latigazos. Algunas veces las otras chicas las oían y las aconsejaban callar, llenas de miedo.

—Cuando yo vivía en Tennessee —decía una chica—, mi Massa contaba que en el Canadá les arrancan la cabellera a los negros y la usan como cuellos de piel para sus abrigos.

—Yo he oído —decía otra—, que hace tanto frío en aquel país que en invierno los gansos y los patos salvajes tienen que huir. No es un lugar para hombres y mujeres.

Julilly no quería escucharlas. Necesitaba aferrarse a aquella esperanza. Además, Mamá Sally había dicho que en aquel país los esclavos eran libres. Era el lugar en donde debían encontrarse. Estaba esperándolas bajo la estrella polar.

Cada noche, Julilly y Liza buscaban entre las estrellas hasta encontrar la más brillante, que parecía montar guardia entre las estrellas más pequeñas.

Una mañana cayó un chaparrón. Julilly y Liza se refrescaron los pies en un charco que se había formado junto a la casa.

—Siento en los huesos —dijo Julilly riendo—, que hoy es un día especial. El viejo Sims no está hoy tan mezquino.

—Tal vez ha comido doble ración del desayuno del cubo —contestó Liza.

Julilly se sintió más animada por el humor de su amiga.

—No seas mal pensada —rió en voz baja—. Estoy segura de que hoy pasará algo diferente.

El camino hasta el campo de algodón fue más agradable a causa de las nubes grises que cubrían el sol y de los pequeños charcos que mojaban los surcos.

El humor de Sims no duró mucho. Gritaba y amenazaba pensando que iba a llover torrencialmente y estropear la cosecha. Pero no fue así y pronto salió el sol y calentó la tierra que empezó a despedir vapor. Los mosquitos, atontados por la humedad, zumbaban junto a la cara de Julilly que no podía espantarlos porque tenía las manos ocupadas con la recogida de las bolas de algodón.

—Me duele la espalda —susurró Liza que se balanceaba entre las ramas bajas.

De repente, se empezó a notar inquietud entre los esclavos que trabajaban entre las hileras de algodón. Levantaban la cabeza y miraban hacía los barracones. Un hombre blanco subía por la carretera en dirección a donde estaba Sims. Junto a él venía Massa Riley. Julilly le reconoció en seguida por su pelo rojo y su sombrero de ala ancha.

Si aquel extranjero era dueño de una plantación, no lo parecía. Su ropa parecía la de un predicador con su chaqueta abrochada y su camisa blanca de cuello almidonado. El estómago abultado le sobresalía por delante, pero su paso rápido obligaba a Massa Riley a esforzarse para seguirle.

Julilly no sintió miedo. Si era un comerciante de esclavos no importaba. Nada podía ser peor que la plantación Riley.

Cuando Sims, sacudiendo su látigo, se dirigió hacia el visitante, los esclavos aminoraron un poco su ritmo de trabajo. El hombre inclinó la cabeza. La tenía grande y cubierta de espeso pelo castaño liso y bien peinado. También llevaba barba y bigote.

—Este es el señor Alexander Ross —dijo Massa Riley alargando las palabras con su acento lento, que hacía que pudiera entendérsele a lo largo de todas las hileras de algodón—. Ha venido desde el Canadá para estudiar los pájaros de nuestra hermosa tierra.

Julilly se quedó de piedra. Un escalofrío le recorrió todo el cuerpo. La palabra «Canadá» llegó a sus oídos como un rayo. Liza enderezó su espalda con un quejido. Ella también quería ver a aquel hombre de Canadá.

El señor Ross saludó a Sims. Estaban muy cerca de donde trabajaba Julilly y pudo verle con atención. Parecía estar más interesado en los esclavos que en los pájaros. Sus ojos brillantes le recordaban a los del viejo John, de la plantación Hensen.

Julilly había aprendido de su madre a conocer los

pensamientos del hombre blanco por la mirada de sus ojos. El negro aprendía a guardar sus pensamientos en lo más profundo de su cabeza y a poner una sombra sobre sus ojos para que el hombre blanco no pudiera ver en su interior.

—Soy ornitólogo, señor Sims —explicaba el corpulento canadiense— quiero llevar a cabo un estudio concienzudo de los pájaros de esta región y necesitaría llevar algunos de sus esclavos como guías.

Sims no pareció impresionado. Miró hacia el campo mientras se limpiaba con un palillo muy fino sus dientes amarillos.

—Supongo que puede escogerlos usted mismo —dijo—. Aunque ahora hay mucho trabajo y no puedo prescindir de más de dos hombres.

Massa Riley interrumpió:

—El señor Ross conoce el nombre científico de tantos pájaros que se podría llenar un saco de doscientas libras de algodón —miró a su invitado con orgullo—. Nuestros invitados de anoche quedaron encantados con su conversación.

Julilly siguió observando. Aquel hombre debía ser del Canadá. Su ropa y su acento eran distintos. Acortaba las palabras y hablaba con rapidez.

—Sims se ocupará de proporcionarle todo cuanto necesite —dijo Massa Riley.

Y después de saludar con la mano al señor Ross se alejó en dirección a la Casa Grande.

Sims fijó sus ojillos en Julilly.

—Ponte al trabajo, negra —gritó y le dio un latigazo en la espalda.

La dolía como el picotazo de cien abejas. Había visto azotar a otros compañeros, pero nunca lo había probado en su propia piel. Se agachó y agarrándose al brazo de Liza, se preparó para recibir otro golpe. Pero no llegó. El señor Ross sujetó el brazo de Sims y lo bajó con fir-

44

meza. Luego empezó a caminar entre las hileras señalando a los jóvenes que llevaban los cestos de algodón hacia el lugar en donde los pesaban.

Julilly trabajó más deprisa. Estaba enfadada pero sobre todo tenía miedo. Sims sabía que había una esclava que escuchaba y observaba a los blancos y no lo olvidaría.

El sol seguía brillando y Sims volvió a recorrer las hileras de punta a punta haciendo sonar su látigo. El señor Ross se quedó en un lado hablando con los jóvenes.

8

La llegada del señor Ross inquietaba a los esclavos. Julilly sentía como si una chispa recorriera las hileras de algodón. La forma en que el corpulento canadiense había detenido el brazo de Sims había hecho nacer nuevas esperanzas en el corazón de la chica.

El señor Ross hablaba con un esclavo y con otro. Tardó mucho en decidir quién le acompañaría. Por fin escogió a Lester y Adam para ayudarle a buscar pájaros.

Julilly pensó que tenía que hablar en seguida con Lester. A veces le veía los domingos, en el patio de los esclavos. Él estaba siempre enfadado, pero hablaba con ella de cosas de su antiguo hogar. Una vez, le contó lo que Mamá Sally le había dicho sobre el Canadá. Lester la escuchó con atención y le aconsejó:

—No hables de esto con nadie, sólo con tu amiga Liza.

El día siguiente era domingo. Buscaría a Lester y le preguntaría cosas sobre Alexander Ross.

Julilly y Liza terminaron de recoger su hilera. A lo lejos se veía al alto canadiense y a Lester y Adam. Después desaparecieron en el bosque Piney.

Era ya de noche cuando terminaron de recoger y pesar el algodón. Sims estaba nervioso mientras comprobaba las balanzas. El señor Ross había regresado con los dos esclavos. Sobre sus anchos hombros llevaba una bolsa de la que asomaban las alas de un pájaro muerto. A pesar de haber estado caminando la mayor parte de aquella tarde calurosa, cazando pájaros, su pelo y su traje estaban limpios y cuidados como si hubiera estado sentado a la sombra de los árboles de la Casa Grande.

Se acercó a Sims.

—Dígame, señor Sims —preguntó con su acento canadiense—, ¿cuánto recoge cada esclavo por día?

Sims masculló una respuesta.

—Una cosecha fantástica —dijo el canadiense—. Sabe, hace demasiado frío en el Canadá para cosechar algodón.

El capataz se animó con aquel comentario.

—He oído —sonrió Sims mordiéndose los labios con sus dientes amarillos— que es un lugar tan frío que sólo se pueden cultivar legumbres.

Julilly vio cómo se dibujaba una sonrisa en la cara del visitante.

Julilly y Liza, con los otros esclavos, caminaron más ligeros aquella noche cuando volvían hacia las cabañas. En el patio, como si fuera una fiesta, se veía una gran olla negra sobre un fuego vivo y chispeante. En el agua hervían unas judías verdes con tiras de tocino salado.

Julilly no había comido judías verdes desde que salió de la plantación Hensen. Buscó dentro de su saco el cuenco que siempre llevaba consigo y se sirvió una ración para ella y puso otra en el plato de Liza.

—Si no fuera por ti, Julilly —dijo Liza sentándose cerca de un roble para poder apoyar la espalda en el tronco—, me moriría de hambre.

Aquella noche, en la larga cabaña de esclavos, las chicas hablaban en voz baja del Canadá y del señor Ross. Muchas habían oído hablar de aquel lugar. Lo habían oído comentar en todas las plantaciones en las que habían vivido, en Virginia y en Carolina del Norte.

Liza era la que más sabía. Por regla general, permanecía callada después de un día de trabajo, pero aquella noche tenía ganas de hablar. Apoyó la espalda en el montón de trapos tratando de aliviar aquel dolor constante.

—Ese país está muy lejos, siguiendo la dirección de la estrella polar —dijo con voz ronca—. Está gobernado por una señora llamada reina Victoria, que decretó una ley por la que todos los hombres son libres e iguales. Todos los habitantes respetan esta ley. Me lo dijo mi padre, y era predicador.

Una chica del fondo, llamada Bessie, alta y fuerte como Julilly, se acercó a Liza.

—¿Y tú cómo sabes cuál es la estrella polar, rica? —preguntó.

Liza respondió con seguridad.

—Mira el cielo de noche, cuando no hay nubes. Allí arriba, tan claro como puedes ver los dedos de mis pies, verás unas estrellas que forman una calabaza —Julilly y Liza la habían observado durante muchas noches—. En el extremo delantero de esa calabaza está la estrella polar. Si la sigues, llegarás al Canadá y serás libre.

—No hables tanto, chica —dijo Bessie con miedo—. Mira lo que te pasó a ti cuando quisiste conseguir la libertad. Te quedaste con la espalda encorvada y las piernas destrozadas. No quiero recibir más latigazos de los que ya me dan.

Se acostó sobre sus trapos y se quedó dormida en seguida.

Las otras chicas, esparcidas por el suelo, estaban tan cansadas que no podían preocuparse ni oír nada más. Caían desfallecidas sobre el montón de trapos y mantas viejas.

Pero Liza seguía apoyada en la pared. No estaba dor-

mida. Julilly podía ver sus ojos con la luz suave que entraba por las rendijas de la pared. Era tarde y sólo se oía el cri-cri de los grillos.

Julilly estaba dolorida. Se echó de espaldas. Las ideas bullían en su cabeza. ¿Pretendía Liza llegar al Canadá cuando Sims la atrapó?

Libre, pensaba Julilly. Ser libre como un pájaro que puede posarse donde quiere... libre para recibir un sueldo por su trabajo como los blancos... libre como el chico negro que trabajaba junto al abolicionista y que les había dado agua en el camino del Mississippi... si se era libre, nadie podía darle latigazos.

Julilly no podía detener sus pensamientos. Con un murmullo, se dirigió a Liza que continuaba con los ojos fijos.

—Liza, ¿estás pensando en escaparte otra vez al Canadá?

Liza se estremeció. Se dejó caer lentamente y dijo al oído de Julilly:

—Tú eres mi amiga. Lo que voy a decirte no debe saberlo nadie.

Julilly asintió.

—Antes de que acabe la recogida del algodón, una noche, me escaparé.

—¿Tienes miedo?

—Tengo y no tengo —dijo Liza cogiendo a Julilly del brazo—. Mi padre me dijo: «No lo olvides nunca, ante los ojos de Dios, tú eres muy importante».

Julilly asintió de nuevo.

—Soy flaca, pero fuerte. Sabes, Julilly, yo creo que el Señor puso la estrella polar en el cielo para que nosotros, los negros, la siguiéramos; y yo pienso seguirla.

Hubo un silencio.

Por fin, dijo Julilly muy despacio mientras sentía que su corazón latía como si quisiera salírsele del pecho:

—Voy contigo, Liza. Tengo y no tengo miedo, como tú.

50

9

Cuando Julilly vivía en la plantación Hensen, esperaba el domingo con ilusión. Se descansaba del trabajo y a veces, llegaba un sacerdote que predicaba y cantaba en una cabaña vacía que los negros llamaban su iglesia.

Los sábados por la noche había baile y Lester y Adam tocaban el violín mientras Ben golpeaba una sonaja. Julilly se ponía en el pelo una cinta roja que le había regalado Mamá Sally. Era capaz de bailar más que nadie.

Pero todo era diferente en la plantación de Massa Riley. No se permitía la entrada del predicador y Sims pegaba a los que encontraba bailando. Aunque estaban todos tan cansados que no se acordaban de bailar. El domingo era el día de la colada en la plantación de Massa Riley.

Aquel domingo, Julilly y Liza se sentaron en el suelo, cerca del caldero en donde hervía la ropa, y empezaron a golpear sus camisas con los largos palos. No habían podido hablar nada de lo referente a la noche anterior. Había mucha gente cerca y demasiadas cosas por hacer.

Una abeja zumbaba junto a la cabeza de Julilly. Levantó la mano para espantarla cuando vio a Lester. La miraba fijamente y le hizo una seña para que se hacercase. Pasó por delante sin decir nada y bajó por el sendero, girando por una fila de cipreses.

—Liza —murmuró Julilly—, algo pasa. Lester quiere hablar conmigo. Sosténme el bastón, vuelvo en seguida.

Julilly corrió hacia los cipreses. Lester estaba detrás de uno de ellos impaciente y ansioso. Julilly se acercó.

—Hablaré deprisa —dijo con tono brusco—. Massa Ross no ha venido del Canadá para buscar pájaros. Está aquí para ayudar a los esclavos a escapar al Canadá.

Julilly cogió a Lester del brazo, pero él se soltó.

—No quiero que me vean hablando contigo. Massa Ross se reunirá con algunos de nosotros en el bosque Piney. Será tarde, cuando todos estén durmiendo. Oirás por tres veces el trino del chotacabras, entonces vendrás hasta este mismo árbol. Trae a Liza, yo os llevaré hasta el lugar de reunión.

Lester se fue rápidamente hacia la cabaña de los esclavos jóvenes y Julilly volvió a su trabajo nerviosa y jadeante.

En seguida, le comunicó a Liza el plan en voz baja. La muchacha encorvada apenas se movió, pero dejó caer el bastón. Julilly lo recogió y siguió golpeando su ropa. Liza estaba como en trance.

Cuando volvió a mirarla se dio cuenta de que los ojos brillantes de su amiga iluminaban su cara borrando toda preocupación. Julilly pensó que debía tener trece años, igual que ella. Pero su cara cansada, como la de casi todas las chicas, la hacía parecer mayor.

—Pareces feliz —dijo Julilly golpeando fuerte su bastón para compensar la quietud de su amiga.

—Lo soy —dijo Liza sin moverse—. Pensaba que mi padre estaba equivocado. Que el Señor se había olvidado de mí. Pero no es así. Esta vez tendré ayuda para conseguir mi libertad. Te tendré a ti y a Massa Ross.

Aquella noche, Liza y Julilly guardaban silencio echadas en el suelo de la cabaña. Tenían los ojos cerrados y no se movían. Por la puerta abierta, entraba el olor de madreselvas del jardín de la Casa Grande y desde la arboleda de cipreses llegaban algunos trinos suaves. Esperaban sin saber cuándo llegaría la llamada.

Bessie, la chica grande que dormía cerca, se movió y luego se sentó para espantar un mosquito que zumbaba junto a su cabeza.

—Oh, Señor. Haz que Bessie se duerma —rogaba Julilly.

En unos pocos minutos, la chica grande se quedó dormida.

Entonces, oyeron los tres trinos del chotacabras.

Las dos chicas salieron con rapidez y en silencio. Iban descalzas y la suciedad, acumulada en el suelo, apagaba todos los ruidos. La sombra de Lester, reflejada en el suelo, junto a los árboles, les servía de guía.

Cuando se acercaron, Lester se llevó un dedo a los labios. No se hablaron. El hombre empezó a andar con rapidez hacia los bosques y les indicó con un gesto que le siguieran.

En el bosque, las agujas de los pinos habían formado una mullida alfombra. No había ningún sendero. Lester caminaba como sin rumbo entre los altos troncos, como si fuese husmeando el camino.

Por fin llegaron a un espacio abierto rodeado de altos troncos vigilantes. Allí estaban Massa Ross con Adam y Ben.

—Esta es Julilly, la chica de la que os hablé —dijo Lester aún jadeante—. Y ésta es Liza. Intentó escapar una vez, pero la cogieron y Massa Sims casi la mató a golpes.

El señor Ross estrechó la mano a Liza y luego a Julilly. No se esperaban aquel gesto de amistad, era como un puente de ayuda. Tal vez aquel hombre alto podría llevarles hasta Canadá.

El señor Ross les reunió. Hablaba con sencillez y energía. Julilly tenía que esforzarse para comprender su acento canadiense.

—Lester os ha elegido a vosotros entre todos los desgraciados esclavos de esta plantación porque pensó que érais los únicos con deseos y fuerzas suficientes para llegar a Canadá.

—Es cierto —dijo Julilly gravemente.

Los demás asintieron con la cabeza.

—Estoy convencido de que la esclavitud humana es algo tan monstruoso que cualquier medida que se tome para liberar al mayor número de esclavos, siempre estará justificada.

Lester le interrumpió.

—Massa Ross, creo que estas personas deben saber que usted es uno de esos abolicionistas que están ayudando a liberar a los esclavos.

—Es verdad, Lester —rió suavemente el señor Ross—. Me han llamado Ladrón de Negros y en la ciudad de Tennessee colgaron un letrero en el que se ofrecían 1.200 dólares por la captura del maldito abolicionista. Ese era yo.

Su risa deshacía la tensión. El círculo de pinos era como un brazo protector.

El señor Ross empezó a hablar en serio.

—Corréis un gran peligro al querer escapar de la esclavitud. No va a ser fácil. Ni siquiera será fácil cuando estéis en Canadá.

Miró a todos con fijeza y uno tras otro, le devolvieron la mirada con la cabeza erguida.

—Se necesita coraje, determinación y mucha astucia —hablaba despacio—. Si no os sentís capaces, lo comprenderé.

A Julilly le resultaba incómodo mirar a los ojos a un

hombre blanco. ¿Cómo podía atreverse a decir lo que pensaba delante de un hombre blanco? Se alegró de que fuera de noche y la oscuridad les ocultase.

—Tengo miedo, Massa Ross. Pero no quiero que Massa Sims me vuelva a pegar. Ni a un caballo se le pega como él lo hace con los esclavos. Mi madre me dijo que me reuniera con ella en el Canadá y yo lo haré. Soy tan valiente como ella.

—Es cierto, Massa Ross —añadió Lester—. Ella me ayudó a salir de un pantano cuando llevaba una cadena que me cortaba los tobillos.

Julilly se alegró de que Lester lo recordara.

—Liza enderezó su espalda y se estiró todo lo que pudo.

—El Señor me ha hablado, Massa Ross —dijo simplemente—. Me ha dicho: nadie tiene por qué pegarte. Tú eres una mujer como Missy Riley. Ser negra no es ser un animal. Tengo ojos, manos y piernas como ella.

—Hermosas palabras, Liza y Julilly. Sois las personas que necesitamos —el señor Ross se apartó el pelo de la frente—. Los hombres ya han hablado conmigo. Adam y Lester están seguros de querer escapar. Ben no se ha decidido aún.

Les reunió de nuevo y les dio instrucciones: no debían hablar con nadie en la plantación sobre sus planes y debían reunirse en aquel mismo lugar el sábado siguiente por la noche, listos para la partida. Lester les avisaría con el canto del chotacabras. Recibiría más información durante la semana, mientras buscaban pájaros y también tendría que cortar el pelo a Liza y Julilly y las vestiría de chicos en el bosque, después de salir, luego tirarían sus vestidos al pantano.

El misterioso ulular de un búho fue como un aviso en la noche. Los esclavos y el señor Ross regresaron separándose en tres direcciones. Las chicas siguieron a Lester por aquel extraño camino a través del bosque.

10

Mientras cortaban el algodón, al día siguiente, Julilly y Liza estuvieron en silencio y con la cabeza baja. Trabajaron mucho, llenando una y otra vez la cesta grande que había al final de la hilera, con las bolas blancas que sacaban de los sacos que llevaban colgados al cuello. No querían que Sims se enfadase. Si veían a Lester o a Adam fingían no conocerles.

No volvieron a hablar del Canadá en la cabaña. Por la noche trataban de dormir como los demás.

—Necesitamos coger fuerzas —dijo Liza a Julilly—. Tenemos que aprovechar todas las horas de sueño.

En un estante alto y oscuro de la cabaña las dos muchachas empezaron a guardar algunas tortas de maíz y sus zapatos de invierno. Massa Ross les buscaría la ropa de chicos y Lester conseguiría unas tijeras para cortarles el pelo. La noche anterior a su partida meterían sus cosas en un saco y se lo colgarían a la espalda como una mochila.

El calor de agosto caía de lleno sobre la plantación Riley. El aire denso con fragancia de magnolia y el zumbido loco de los mosquitos lo envolvía todo. El sudor resbalaba por la cara del irritado Sims. Repartía latigazos a los viejos y a los jóvenes sin ningún motivo. La tristeza estaba por todas partes, por todas partes menos en el fresco verdor de las blancas columnas de la Casa Grande. Una Casa Grande elegante, serena y majestuosa en la que se ignoraban las cabañas de los esclavos.

El sábado amaneció nublado. Las moscas estaban pegajosas y se arremolinaban como prediciendo la lluvia. Julilly y Liza tenían miedo. Si estallaba la tormenta, ¿podrían marcharse? Si las nubes se espesaban, ¿podrían ver la estrella polar?

Durante todo el día recogieron algodón en los campos. No hacía sol y el aire no se movía. Antes de que empezaran a pesar el algodón llegaron Lester y el señor Ross. El amable caballero estaba tranquilo y elegante como el día de su llegada. Su bolsa de pájaros estaba llena de ejemplares.

—Ah, usted otra vez, señor Sims —dijo con una sonrisa jovial—. He tenido un día excelente. Hay unos pájaros increíblemente raros y hermosos en esta extensa región.

Sims miró con desdén la bolsa de los pájaros. Julilly observó a Lester. Después de mirarla un instante, el joven movió la cabeza arriba y abajo tres veces. ¡Se iban! Aunque lloviera y las nubes no dejasen ver las estrellas.

Julilly levantó la cabeza con orgullo. Aquella era la última vez que temblaba frente a Massa Sims mientras esperaba que le pesara la cesta del algodón. Y nadie más volvería a apalear a Liza como si fuese un perro.

Las dos chicas bajaron, una detrás de la otra, por el camino que conducía a la cabaña. Iban en silencio, pero sus pensamientos eran como una cuerda que las ataba.

Cuando llegó la noche se levantó un viento huracanado que despejó las nubes. Los esclavos protestaban. Un día de lluvia les hubiera dado un descanso del calor y del trabajo de los campos. Para Julilly, Liza, Lester y Adam aquello era una bendición del Señor. La Osa

Mayor apareció en el cielo y fiel como el sol de cada día, resplandeció la estrella polar.

—La lluvia y el viento han limpiado la estrella polar —le dijo Julilly a Liza mientras corrían hacia la cabaña para llegar antes que las demás.

Metieron sus pocas cosas en los sacos, los enrollaron y los taparon con los trapos del suelo. Luego se acostaron apoyando las cabezas en ellos.

—Cierra los ojos como si ya estuvieras dormida —susurró Liza a Julilly mientras empezaban a entrar las otras chicas. Hablaban poco, había sido un día largo y pesado.

Julilly buscó la mano áspera de Liza. Las chicas fueron cayendo en silencio por toda la cabaña y los ruidos nocturnos acabaron por imponerse.

Julilly no podía estarse quieta. Las piernas le temblaban sin querer y sentía los brazos como si fuesen a desprenderse de su cuerpo. Apretaba los dientes para no gritar:

—¡Vámonos, Liza! ¡Vámonos!

Apretó la mano de su amiga y recibió otro apretón como respuesta. Esto la tranquilizó. Estarían juntas; ella ayudaría a Liza y Liza la ayudaría a ella pasara lo que pasara. Además, Liza estaba segura de que el Señor estaba a su lado.

Julilly estaba casi dormida cuando el canto del chotacabras sonó tres veces. Las chicas levantaron la cabeza despacio, cogieron sus cosas sin hacer ruido y salieron de la cabaña en silencio.

Lester estaba junto a los cipreses, como la primera vez. Le siguieron por el camino entre los árboles, esta vez iban más deprisa, pero daban vueltas y revueltas. Julilly sabía por qué lo hacían. Si les buscaban con perros rastreadores tardarían más tiempo en recorrer el camino.

Massa Ross estaba, como siempre, perfectamente ves-

59

tido y bien peinado. No parecía tener ningún temor, aunque como le había dicho Liza a Julilly, le podían coger por ayudarles a escapar. Su pecho hinchado y su estómago redondo parecían darle fuerza.

Adam estaba allí, sentado en el suelo esperando en tensión como un zorro, listo para saltar. Pero no se veía a Ben.

Massa Ross les pidió que se acercaran. Con voz baja y dulce y cogiéndoles de las manos dijo:

—Las dificultades y los peligros de esta ruta y la inevitable persecución que sufriréis durante mucho tiempo por parte de los enemigos de la humanidad, requieren el ejercicio de unas raras cualidades físicas y mentales. Todos las tenéis. Sois inteligentes y tenéis valor.

A Julilly le gustaron aquellas palabras, aunque no las entendió del todo.

—Saldréis a media noche —dijo—. Para entonces todos estarán dormidos. Le he dado a Lester un reloj para que sepa en todo momento qué hora es. Id hacia el pantano y caminad descalzos por las aguas poco profundas. Esto destruirá el olor de las huellas. Los sabuesos pierden el rastro en el agua.

Se calló un momento para escuchar.

—Esta noche seguiréis el río Mississippi hacia el norte, él os guiará los pasos y la estrella polar los ojos.

Empezó a hablar más deprisa. La luna estaba muy alta en el cielo.

—No os separéis, permaneced juntos. Lester será vuestro guía. Confiad en él. Le he dado muchas instrucciones. Viajaréis de noche y dormiréis de día. Cuando crucéis el límite de Tennessee yo estaré allí. Fingid que no me conocéis y no os asombréis por mi cara, me habré afeitado la barba.

Dejó de hablar y entregó a cada uno un billete de dos dólares, un cuchillo y un poco de carne fría con

60

pan. A Julilly y a Liza les dio un par de pantalones y una camisa.

—Os pondréis esto cuando hayáis cruzado el pantano —dijo—. Luego echad vuestra ropa vieja al agua para que flote. Los rastreadores pueden pensar que os habéis ahogado. Lester tiene unas tijeras para cortaros el pelo.

Estrechó la mano con fuerza a todos.

—Ahora tengo que volver a la Casa Grande. Mañana saldré para otra misión hacia Columbus, en el Mississippi. Dios os bendiga.

Se alejó rápidamente confundiéndose con las sombras.

—Massa Ross es un hombre bueno —dijo Julilly.

Cuando ya no se oyeron sus pasos, Julilly, Liza y Adam se volvieron hacia Lester.

—Poned todo lo que os ha dado en vuestro saco y colgároslo del cuello —dijo.

Su cara no tenía ninguna expresión, pero Julilly vio que tenía miedo y excitación en los ojos.

Miró la hora en el reloj y dijo.

—Nadie nos buscará esta noche. Hay que recorrer un buen trecho.

Julilly miró a Liza. Tenía la cabeza baja y la espalda inclinada. Le dolía.

—Yo iré junto a Liza —dijo Julilly con firmeza—. Hemos prometido que nos ayudaríamos.

—Entonces tú irás detrás, Adam —dijo Lester.

Y empezaron a caminar.

La tierra estuvo seca y blanda durante un rato y luego llegaron al agua. La hierba del pantano les daba en las piernas y los pies se les hundían en el barro. Julilly se agarró a una rama para guardar el equilibrio mientras llevaba a su tullida amiga cogida del brazo.

—Espero que los cocodrilos y las serpientes de agua estén bien dormidos esta noche —susurró Julilly a Liza.

—No pienses en eso —contestó Liza—, piensa que ningún rastreador podrá seguir nuestro olor por el agua de este viejo pantano.

Por fin la tierra se fue haciendo más sólida y luego otra vez seca. Julilly y Liza se cambiaron la ropa y se pusieron la de chico, tirando las camisas de estopa al agua del pantano. Lester les cortó el pelo rápidamente, con unas tijeras que sacó de su mochila.

No tuvieron tiempo para reírse de su aspecto. Lester estaba impaciente por seguir. Ya podían oír la corriente del gran río Mississippi. Ninguno de ellos lo había visto antes, pero Massa Ross les había hablado del ruido que hacía y del barro que levantaba con la fuerza de su corriente. Al llegar allí debían seguir hacia el norte por la orilla e irse alejando de la corriente.

Cuando llegaron a las orillas se detuvieron. Era algo impresionante. Hasta donde les alcanzaba la vista, el agua negra y fangosa bajaba en remolinos y espumas que reflejaban el tono plateado de la luna.

Adam se agachó y metió la mano en el agua.

—Está caliente y agradable —dijo sonriendo.— No hay peligro y además puedo oler los bagres a través del agua.

—Bien, Adam. —Lester caminaba nervioso por la orilla mirando hacia arriba— Ya habrá tiempo de pensar en el pescado. Esta noche cenaremos pan y carne fría.

Y empezó a andar a través de los cañaverales secos esperando que los demás le siguieran.

Julilly vio a Liza apoyada en el tronco de un sauce. En su cara había dolor.

—Vamos a descansar un poco, Lester —dijo Julilly.— Liza y yo vamos a comer un trozo de pan y a beber agua aunque huela a pescado.

Lester las esperaba un poco más adelante, en un tronco seco. Adam se refrescó los pies en el río. Liza cerró los ojos agradecida y aceptó el trozo de pan y el cuenco de agua que le ofrecía Julilly.

El descanso fue muy corto.

—Ya podemos seguir —dijo Julilly levantándose y cogiendo a Liza de la mano para que se pudiera poner de pie con cuidado.

—Vamos a alejarnos un poco del río —exclamó Lester.— Los árboles son mejor escondite que los arbustos.

Continuaron andando como antes. Lester iba delante, Julilly y Liza detrás y por último Adam, canturreando en voz baja y siguiendo el ritmo con los pies. Ya no podían volver atrás. El estruendo de las aguas del Mississippi les llenaba los oídos y la estrella polar brillaba sobre ellos.

Sólo cuando la noche cayó hacia la tierra y una franja rosa bordeó el lado oriental del cielo, Lester se detuvo. Dos troncos gigantes de pinos caídos les cerraba el camino. Por debajo corría un riachuelo de agua limpia y junto a él había un hoyo casi tapado por ramas secas.

—Vamos a comer y a dormir aquí —dijo Lester bostezando, exhausto. Todos estuvieron de acuerdo. Comieron despacio, reservando una parte para el día siguiente. Julilly pasaba un cuenco de uno a otro. El agua era fresca, dulce y abundante.

—Adam y yo montaremos turnos de guardia hasta el mediodía —Lester siguió con los ojos la franja rosa que se iba agrandando en el cielo—. Luego, Julilly, tú y Liza os turnaréis hasta el anochecer.

—Gracias a Dios que la noche ha sido tranquila. —Liza inclinó la cabeza—. Señor, te pido que nos protejas muy especialmente mañana, cuando el Massa Sims descubra nuestra fuga y salga a buscarnos.

Guardaron silencio.

Julilly y Liza se metieron en el hoyo, bajo los troncos y se quedaron dormidas. Estaban demasiado cansadas para decir nada.

Al mediodía, cuando Lester sacudió a Julilly por el hombro, la chica se sentó asustada y aturdida. ¿Se había quedado dormida? ¿Era Massa Sims que tocaba la campana en la plantación? ¿Por qué le dolían tanto los pies? Entonces vio la cara cansada de Lester y recordó donde estaba. Les tocaba vigilar a ella y a Liza.

Adam estaba echado boca abajo en la hierba, debajo de un sauce que crecía junto a los troncos secos.

—Si oyes algún ruido despiértame, Julilly —dijo Lester frotándose los ojos.

—Puedes confiar en mí, Lester —respondió ella.

—Cuando el sol se ponga, comeremos. Adam ha pescado unos bagres —Lester sonrió—. Los ha limpiado y pelado.

Julilly también sonrió. Se sentó sobre las agujas de pino, detrás de un matorral de zarzas y ramas secas y esperó. Liza, encorvada y arrugada, dormía junto a ella.

—Soy lo bastante fuerte para vigilar por ella —decidió Julilly—. Es mejor que pueda descansar bien su espalda.

Un pájaro cruzó el espacio y se posó en una rama sobre su cabeza, trinando con un claro sonido. Un ciervo se dirigió serenamente a la orilla y sumergió la cabeza para saciar su sed.

Se respiraba paz y silencio. Pero no duró mucho. El ciervo sacó la cabeza de repente, escuchó un momento y luego se adentró entre los árboles corriendo. El pájaro escapó volando.

Julilly estaba alerta. Primero muy lejos y luego más cercanos, oyó ladridos de perros. ¡Los rastreadores! De alguna manera habían descubierto el rastro y les perseguían.

Lester también los había oído. Despertó a Adam de una sacudida. Julilly despertó a Liza.

—Metedlo todo en las bolsas —hablaba con rapidez. Doblaros los pantalones y caminaremos hacia el norte, cruzando la corriente. Esto terminará con nuestro rastro.

11

Los días y las noches eran
todas iguales para Julilly,
Liza, Lester y Adam. Cuando oían ladrar un perro o veían hombres a caballo, cruzaban vadeando los pantanos. Cuando el sol ardiente les hacía quedar exhaustos, caían sin fuerzas en algún hueco mojado o debajo de los cañizales secos. Llevaban la ropa sucia y rota y los pies llenos de llagas y picaduras de insectos. Lo peor era el hambre. Un día sólo encontraron nueces para comer.

Cuando tenían tiempo, Adam y Julilly iban a cazar conejos o pescar. Liza preparaba un pequeño fuego con pedernal y fósforo que Massa Ross les había dado. Lester estudiaba el plan. Observaba las estrellas en las noches claras y cuando llovía buscaba en el suelo el musgo que crecía siempre en el norte de cada árbol del bosque.

—¿Cómo sabremos que hemos llegado a Tennessee? —preguntó Julilly una noche que hablaban de Massa Ross y de lo que necesitaban.

—Yo sé leer —dijo Lester.

—No conozco ningún esclavo que sepa leer. Estás mintiendo Lester —Liza le lanzó una mirada sombría—. Una vez, mi padre se compró un libro para aprender a leer, con un dinero que había ahorrado vendiendo manzanas. ¿Sabéis lo que pasó cuando Massa le encontró mirándolo?

Julilly no quería preguntar. Ya conocía la respuesta.

Liza continuó.

—Massa cogió el libro y lo echó al fuego. Luego dijo: «Ninguno de mis negros se va a hacer un señorito aprendiendo a leer». Luego sacó el látigo y le dio cincuenta azotes. Yo tuve que presenciarlo y ver cómo su sangre llegaba hasta el suelo. Y yo quería a mi padre.

—Es cierto, yo sé leer —Lester se levantó y se alejó de aquellas tres caras incrédulas—. En la plantación Hensen, había un esclavo de la casa que sabía leer. Massa Hensen lo sabía y le dio permiso para que me enseñase a mí, aunque nos hizo prometer que no se lo diríamos a nadie, ni siquiera a Missy Hensen.

Se sentaron un momento en un tronco seco, cerca de la orilla fangosa del Mississippi. Comieron pescado frito.

—Pronto cruzaremos la frontera de Tennessee —dijo Lester—. Veré un letrero junto al río, según dijo Massa Ross. Esperaremos una noche o tal vez dos. Massa llegará con un carro por la carretera más próxima. Oiremos los tres cantos del chotacabras y nos reuniremos con él.

—Tal vez no venga —dijo Adam, que casi nunca hablaba, sólo escuchaba.

—¿Por qué lo dices? —preguntó Julilly.

—Adam tiene razón —dijo Lester rápidamente—. Tal vez no pueda venir. En ese caso, prometió mandar a otro hombre.

—¿Cómo vamos a confiar en un hombre que no hemos visto nunca? —dijo Liza con la cabeza apoyada en las rodillas.

—Hay una contraseña —dijo Adam en voz baja—. Al hombre que dé la señal le diremos «Amigos con un amigo». Si contesta lo mismo, sabremos que podemos confiar en él.

—«Amigos con un amigo» —repitió Julilly para sí.

Pensó que una persona mezquina nunca habría inventado aquellas palabras. Ella confiaría en cualquier persona que las pronunciara.

—Yo no confío en ningún hombre blanco —pensó Liza.

Caminaron cerca del río.

Julilly llevaba a Liza cogida del brazo. Podía sostener el peso de su amiga. Las caminatas a través de la noche habían fortalecido sus piernas. Sin embargo, Liza estaba cada vez más débil. Lester estaba preocupado por ella.

—Lester no aminorará la marcha —pensaba Julilly— Lester luchará y nos protegerá de todos los perseguidores de esclavos, pero no aminorará la marcha.

Detrás de ella oía los pasos suaves de Adam.

—Adam y yo la llevaremos si se pone peor —se tranquilizó Julilly.

Todavía estaba oscuro cuando llegaron frente a un cartel pegado en un tablero junto al río. Lester leyó en voz alta.

—TENNESSEE.

Se detuvieron. La carretera estaba bordeada de cañizales. Nadie podía verles.

Pasaron dos hombres a caballo. Su silueta se reflejó bajo la luz de la luna. Uno de ellos era gordo y llevaba látigo, el otro una pistola.

Los cuatro esclavos se quedaron agachados, inmóviles como conejos asustados, hasta que dejó de oirse el ruido de los cascos. Adam fue el primero en hablar.

—Ese hombre gordo se parecía a Sims.

—Podía ser Sims —dijo Lester— el modo de pegar al caballo y de agitar el látigo le recordaba.

—Será mejor que nos quedemos aquí durante algún tiempo —aconsejó Liza.

Se oyó otro ruido. Era el traqueteo de las ruedas de

un carro. Podía ser Massa Ross. Si el hombre gordo era Sims y volvía, le reconocería.

El carromato se iba acercando. Cuando llegó al letrero se detuvo. Hubo un silencio. Luego, tres suaves trinos de chotacabras llenaron el aire. Era la señal, pero había que asegurarse bien. Sims podía estar cerca.

Julilly tuvo una idea.

—Escuchad —dijo en un susurro—. Si es una trampa de la plantación Riley reconocerán en seguida la figura de vosotros dos y de Liza, por su espalda encorvada. Pero a mí no me reconocerán. Ahora no soy más que un muchacho negro. Yo saldré primero.

Lester dudaba, por fin, consintió. Julilly dio un profundo suspiro y salió al frente. Se quedó en el borde de la carretera y dijo en voz alta.

—¿Quién es usted? —le temblaba la voz.

No podía arriesgarse a revelar la contraseña.

—Amigos con un amigo —respondió el hombre del carro.

No era Massa Ross pero aquel hombre conocía la contraseña. Liza, Lester y Adam salieron de las sombras. El hombre soltó las riendas y se hizo a un lado para verles mejor. Era bajito. El ala de su sombrero le cubría la cara casi por completo. Sonreía amablemente.

—Sois los amigos del señor Ross —dijo—. Ese buen hombre ha sido encarcelado en Columbus. Ojalá que no le pase nada malo. Me ha mandado en su lugar.

—¡Oh, Señor, ayúdale! —rogó Liza en voz alta.

—Massa —interrumpió Lester—, hay dos buscadores de esclavos que acaban de pasar por aquí en dirección al norte. Creemos que eran de nuestra plantación, de Riley.

—Entonces tenemos que darnos prisa, ya hablaremos después.

El hombre bajito echó una lona para cubrir el carro. Debajo había un grueso montón de paja fresca.

—Tendréis que meteros debajo de la paja —hablaba
con mucha seguridad como si estuviera acostumbrado a
aquel trabajo—. Os taparé con la lona y si nos detienen,
permaneced en silencio. Yo hablaré.

Julilly y Liza subieron y se colocaron muy juntas.
Lester y Adam subieron después. Cuando el hombrecito
echó la lona todo quedó oscuro.

—No habléis —dijo Lester.

El carro traqueteaba por la carretera. A Julilly le dolía el estómago. No habían tenido tiempo para comer.

El movimiento del carro y la suavidad del heno invi-
taban al sueño, pero el hambre la mantenía despierta.
Sus brazos y sus piernas, sin embargo, parecían dormir
por separado.

El sonido de unos hombres a caballo y un repentino
salto del carro, inquietó a los fugitivos. Lester murmuró:

—No os mováis aunque levanten la lona. Si nos des-
cubren saltad por un lado del carro y corred a los bosques. No dispararán, nos quieren vivos.

Julilly y Liza se cogieron del brazo.

—Tú, cuáquero abolicionista —dijo una voz fuerte y
ronca—, para el carro a ese lado de la carretera. Estamos buscando a unos esclavos fugitivos de la plantación
Riley. Creemos que se dirigen al norte por este camino.

La voz no era la de Sims. Julilly dio gracias a Dios
por ello. Pero sin duda se trataba de un hombre de la
plantación y les estaba buscando.

—¿Qué queréis de mí? —preguntó el hombre bajito
con voz fuerte.

—Queremos saber si has visto cuatro esclavos, dos
hombres y dos chicas, por esta carretera.

—No —dijo el cuáquero sin vacilar—. No he visto
por aquí dos hombres y dos chicas.

No mentía, lo que él había visto salir corriendo del
bosque eran dos hombres y dos muchachos.

—No creo nada de lo que puedan decir los ladrones

abolicionistas —dijo el hombre levantando la voz—. ¿Sabes que hay una nueva Ley de Esclavos Fugitivos, que acaba de ser aprobada en el Congreso, que permite a los propietarios de esclavos recuperar sus propiedades humanas en cualquier región del norte o del sur?

—Ya estoy enterado de esa ley cruel e injusta —replicó tranquilamente el conductor del carro.

—Injusto dices —gritó el cazador de esclavos—. Las personas como tú pueden ir a la cárcel y tienen que pagar una multa de 1.000 dólares, sólo por dar comida a un fugitivo.

Julilly se estremeció. Si podían capturarles incluso en las regiones del norte, nunca podrían escapar.

—Vamos a ver qué lleva este granjero en el carro —dijo el otro hombre—. Quita esa lona.

Julilly oyó cómo el conductor saltaba al suelo.

—Es heno que llevo a un primo mío de la ciudad —dijo el cuáquero mientras levantaba lentamente la lona de una esquina del carro.

Julilly apretó el brazo de Liza. No se movió pero abrió los ojos. ¡Gracias a Dios todo seguía estando oscuro!

—Es heno —dijo el segundo jinete—. Volvamos al río antes de que amanezca. Esos negros se esconden de día.

Y se marcharon sin decir nada más.

El conductor bajito volvió a colocar la lona en el carro y se apoyó en él.

—Cuando amanezca —dijo a los cuatro esclavos que estaban tensos y temblorosos bajo el heno— pararemos en un granero abandonado que hay junto al camino y comeremos algo.

12

El amanecer se llevó la oscuridad protectora.

El carro trotaba más deprisa, haciéndoles saltar con cada bache de la carretera.

Ahora que había llegado el día todo eran ruidos, cascos de caballos, carros estruendosos, gente que hablaba. Todo parecían peligros para los cuatro esclavos. Era sofocante, como la sequedad del heno y de sus gargantas.

—Necesito un trago largo de agua —murmuró Adam desde su rincón.

—No pienses en el agua —casi gritó Lester—. Escucha el ladrido de esos perros. Los cazadores de esclavos les hacen seguir nuestro rastro. Si no estuviéramos trotando en este viejo carro, sin tocar el suelo, ya los tendríamos en los talones.

Julilly escuchó. A lo lejos se oían agudos aullidos, tal como decía Lester. Los perros de caza que rastrean un olor, no pueden detenerse, son como las abejas en una flor. Julilly ya lo sabía.

De pronto, el carro redujo su velocidad y giró bruscamente por un camino que debía ser más estrecho porque las ramas de los árboles rozaban los lados del carro. Las ruedas chapoteaban en los charcos y luego el carro se detuvo.

El conductor bajó de su asiento de un salto y arrancó la lona del carro.

—Salid del heno en seguida —dijo—. Esconderos dentro de ese granero.

Su voz tenía tono de urgencia.

Julilly se levantó limpiándose el heno del pelo y de la cara. El aire fresco y el brillo del sol le producían una alegría que no podía disimular.

—¡Liza, mira! —exclamó.

Había una corriente de agua y un viejo granero entre una maraña de viñedos y ramas retorcidas. Parecía estar esperándoles con la puerta abierta.

—Tengo el cuerpo tan magullado que no puedo moverme —dijo Liza que permanecía sentada en el carro.

Julilly se inclinó y ayudó a su amiga a salir del carro. No le costó ningún esfuerzo. ¡Podía llevar en brazos a Liza! Lester no tendría que preocuparse de que nadie le hiciese retrasar la marcha.

—Creo que soy tan fuerte como un caballo —se rió Julilly.

—Pues yo estoy encogida como una pasa —dijo Liza con inquietud.

Se encontraron todos junto al río y bebieron con ansia.

El cuáquero bajito caminaba junto a ellos muy nervioso.

—Tenéis que entrar en el granero —dijo con voz dulce pero firme—. Tengo que irme en seguida. Si siguen vuestra pista hasta aquí, no podré ayudaros.

Entraron en el granero. Alguien había echado heno fresco en el suelo. Lo habían preparado para ellos. Junto a la puerta había un paquete de comida.

El conductor les llevó hasta una ventana abierta. Allí les enseñó una cajita de cristal. Dentro vibraba una aguja negra. Les enseñó cómo la aguja señalaba siempre el norte, como la estrella polar.

—Os voy a dejar esta brújula, pero no debéis seguir

74

siempre la dirección del norte, es demasiado peligroso. Seguid la aguja hacia el este y llegaréis a las montañas Cumberland, cerca de la ciudad de Knoxville. En las montañas hay cuevas en las que podréis refugiaros y los senderos indios os ayudarán a guiaros.

Los fugitivos escuchaban con atención. Julilly repetía aquellos nombres en su interior.

El hombre amable les miró a la cara uno por uno.

—Ojalá pudiera llevaros hasta la misma frontera del Canadá —dijo con emoción—. La esclavitud es algo horrible.

Sacó un reloj redondo de su bolsillo y comprobó la altura del sol en el cielo. Volvió a ponerse nervioso y habló con rapidez.

—Por las montañas, llegaréis hasta Kentucky, a la ciudad de Lexington —dijo—. Hacia el norte se llega a la ciudad de Cincinnati, en Ohio, allí buscáis la casa de Levi Coffin. No olvidéis este nombre. Es el «presidente» del Ferrocarril Subterráneo.

¿El Ferrocarril Subterráneo? Julilly se quedó asombrada. ¿Sería posible que los abolicionistas hubieran construido un camino bajo tierra que llevaba directamente a Canadá? Tendría que preguntarle a Massa Levi Coffin.

—Dios os bendiga —dijo el cuáquero mientras se dirigía hacia su carro.

Los cuatro fugitivos le vieron partir con agradecimiento.

Cuando Lester abrió el paquete de comida, los esclavos casi se sintieron felices. Había pan, queso y carne seca de venado. Un rayo de sol entraba por la ventana llenándolo todo de color dorado.

Lester dio a cada uno una ración y dejó el resto en el paquete. Durante un día y una noche, el granero fue su hogar. Tenía paredes y techo y un riachuelo fresco ante la puerta.

—Es un regalo del Señor —dijo Liza.

—Ningún perro podrá oler nuestro rastro a través de este río —rió Adam.

Después, Adam encontró un cubo viejo. Le dio la vuelta y empezó a marcar un ligero ritmo con un palo. Julilly se puso a bailar. Liza batía palmas, balanceándose con el ritmo. Lester, sentado en un rincón, pensaba; pero no estaba enfadado.

—Antes de que se quite el sol, deberíamos pescar algo —dijo Adam, dejando el cubo y dirigiéndose a la puerta. Lester le acompañó.

—Cruzaremos la corriente. Allí hay árboles muy frondosos y nadie podrá vernos —dijo.

—No debíais de cruzar el río —gritó Julilly.

Pero no la oyeron. Ya estaban en medio del agua.

Julilly pensó que sería bueno lavarse la ropa en aquella corriente de agua fresca. Le venían a la memoria las palabras de Mamá Sally:

—«Si tienes que llevar harapos, llévalos limpios».

El granero se había quedado en silencio. Julilly y Liza amontonaron el heno en un rincón.

—Ya tenemos cama —dijeron divertidas.

Encontraron un tablero que, apoyado sobre unos troncos, podía hacer de mesa. Debajo, colocaron con cuidado el paquete de la comida.

—Nos hemos hecho una casa digna de una señora —canturreaban las dos chicas.

El sonido del agua ensordecía los ruidos de la carretera. Sólo se podía oír el canto agudo de un pájaro por encima del oleaje.

Por eso, no pareció real el aullido de los rastreadores que entró como una flecha en la seguridad del granero.

Julilly gritó asustada. Luego, ella y Liza cogieron el paquete de comida y la brújula que estaba todavía en el

alféizar de la ventana. Se arrastraron hasta un rincón del granero, recogiendo el heno para taparse con él.

El aullido llegaba desde la orilla del río. Se oía el jadeo y los cascos de los caballos. El pájaro que cantaba salió volando pero el vacío que dejó su canto se llenó con los gritos de los hombres y el restallar de los látigos entre las hojas.

Julilly se puso a llorar. Liza enderezó su espalda dolorida. Una nube tapó al sol.

Los perros rastreadores se metieron en el agua. Sus ladridos se mezclaban con el oleaje. Su olfato detectaba el olor de Adam y Lester y saltaban y aullaban río arriba, adentrándose entre los árboles. Los caballos iban detrás y los hombres gritaban azotando el aire con su látigo.

Unos gritos ahogados de dolor y miedo salieron del río. Julilly y Liza esperaban indefensas en el umbral del granero, retorciéndose las manos.

Los gritos eran de Lester y Adam. Los gruñidos de los perros se confundían con los trallazos del látigo.

—Los han cogido —gimió Liza balanceándose.

—Coge la comida y la brújula, Julilly —la voz de Liza era dura—. Vienen hacia el granero.

Julilly dio un salto y recogió las cosas. Las dos chicas deshicieron la mesa y esparcieron la paja por el suelo, y luego corrieron río arriba para hacer desaparecer su rastro. Cuando dejaron de correr entraron en una arboleda que había al otro lado de la carretera. Se detuvieron.

—Esto no es una excursión, Liza —dijo Julilly acurrucándose bajo un arbusto—. Nos costará mucho, necesitaremos mucha suerte y muchas plegarias para poder llegar las dos solas al Canadá.

—Lester está decidido a encontrar la libertad —dijo—. Encontrará la manera de romper esas cadenas y se llevará a Adam con él.

Se abrazaron mientras oían, cada vez más lejos, los aullidos de los sabuesos.

13

Hasta que no cayó la noche, Julilly y Liza no se sintieron seguras para emprender su viaje hacia las montañas del este, como había dicho el cuáquero.

Comieron un poco, la comida tenía que durar otro día más, por lo menos. En un arbusto que había cerca de su escondite, encontraron algunas fresas con las que calmar su sed. Fue lo único agradable de aquel día gris y lleno de desesperación por la captura de sus compañeros.

La luna iluminaba el cielo y dejaba al descubierto todos los senderos y carreteras. Las chicas avanzaban entre los árboles y los matorrales. De vez en cuando miraban la brújula, para asegurarse de que iban por el camino correcto.

Les dolían los pies y tenían los brazos y las piernas llenas de rasguños, pero seguían adelante. Cerca del amanecer, se detuvieron junto a un riachuelo para beber y lavarse un poco. Comieron un poco de carne seca y de pan duro, estaban en silencio, como ahorrando palabras.

Julilly se levantó y ayudó con la mano a Liza.

—Tenemos que encontrar un buen sitio para escondernos durante el día —dijo Julilly.

Siguieron caminando por un sendero que serpenteaba entre rocas y árboles.

—Es una cuesta muy empinada —suspiró Liza—. Debemos estar en las montañas.

Subía encorvada, ayudándose con las manos y las rodillas.

La niebla de la mañana había desaparecido y abajo se podían ver unas cuantas granjas con animales y gentes que se movían como hormigas.

—Seguro que éstas son las montañas —Julilly se apoyó contra el tronco de un árbol. Ella estaba bien, pero le preocupaba Liza.

—A partir de ahora, viajaremos hacia el norte —dijo.

Las chicas se inclinaron sobre la brújula y vieron cómo la pequeña aguja señalaba directamente, frente a ellas.

En una roca, en la ladera de una montaña, se abría un agujero.

—Es redondo como la guarida de una serpiente —observó Liza.

—Debe ser una de las grutas de que nos habló aquel hombre.

Subieron a ella y miraron dentro. El suelo era seco y arenoso y las paredes y el techo de piedra. Más dentro, la oscuridad era tan profunda que no podían distinguirse los dedos de la mano.

—Dormiremos cerca de la entrada —dijo Julilly.

Y volvieron a la entrada. Julilly se apoyó contra una de las rocas.

—Duerme tú primero, Liza.

La chica, pequeña y flaca, se dejó caer rendida, junto al paquete de la comida. Había agotado sus fuerzas.

El sol se extendió lentamente por la tierra y su calor llegó hasta Julilly, secando la humedad de su ropa. Sentía como si el calor la derritiese y poco a poco, cerró los ojos y se quedó dormida.

Las dos muchachas durmieron hasta el mediodía. Les despertó el canto de un pájaro gris posado sobre las ramas de un álamo.

—Ya es por la mañana y hay que recoger el algodón, he dormido demasiado... —Julilly se enderezó de un salto, golpeándose la cabeza con la roca que tenía encima.

Liza se levantó despacio. Le dolían todos los huesos.

—Ahora me toca a mí hacer la guardia, ¿no? —suspiró Liza.

—Yo también me he dormido —Julilly se sentía culpable y avergonzada.

Pero Liza no le dijo nada. Cogió el paquete de la comida y lo abrió. Dentro sólo había unas migajas y un pequeño trozo de pan. Partió el pan y dividió las migajas secas. Julilly buscó una fuente y llenó su cuenco de agua. Comieron y bebieron pero seguían teniendo hambre. Tenían que buscar más comida. Julilly caminó por el borde de la caverna, buscando bayas o raíces que se pudieran masticar, pero no había nada.

—No podremos seguir si no comemos, Liza.

—Pues no podemos quedarnos aquí sentadas, malgastando las fuerzas que nos quedan —dijo Liza con voz decidida.

En el valle, algunas granjas despedían humo por sus chimeneas. Frente a ellas, los picos Apalaches que señalaban el camino que debían seguir. Eran varios días de subir y bajar empinados senderos trazados por los indios.

Julilly miró a su amiga y luego a las granjas del valle.

—Me parece, Liza, que ya sé lo que debemos hacer. Cuando llegue la noche, iremos a una de esas casas. Compraremos comida con el dinero que nos dio Massa Ross.

Julilly buscó los billetes que estaban arrugados en el fondo de su saco.

—Sí, eso es lo que debemos hacer —asintió Liza.

Cogieron sus pequeños fardos y la brújula y empezaron a bajar despacio, la ladera de la montaña.

El camino se abría en un pequeño claro rodeado de matorrales y árboles. En el centro había una cabaña cuadrada. Era sólida y acogedora, sobre todo porque de su chimenea salían suaves espirales de humo.

—Voy a entrar, Liza —dijo Julilly alisándose el pelo con la mano. —Tú quédate aquí, por si hay que correr.

Liza no dijo nada, pero se frotó las piernas magulladas y flacas.

Julilly se dirigió a la cabaña. Al acercarse, el olor a comida recién hecha le hizo correr hasta la puerta. Llamó con fuertes golpes. Al principio no se oyó nada, pero luego la puerta se abrió y apareció una mujer alta de piel blanca y pálida. Se encaró con Julilly con gesto desafiante. Llevaba un rifle y lo apuntaba directamente hacia ella.

La necesidad de comer apagaba el miedo de Julilly.

—Quiero comprar comida. Tengo dinero.

La mujer no se movió pero las palabras que salieron de sus labios eran como disparos.

—Fuera de mi casa, esclavo negro. Te has escapado y has robado el dinero ¿eh? —dijo con voz destemplada.

Julilly arrugó el dinero en su mano.

—Lárgate, vamos, fuera o tendré que usar mi rifle y lo estoy deseando.

Julilly dio media vuelta y salió corriendo. Tropezó con los matorrales, buscando a Liza como una loca. Un brazo delgado la agarró por una pierna. Era Liza.

—Ven aquí —susurró— hay una caverna.

Esta vez fue Liza la que ayudó a Julilly. La gruta era pequeña pero estaba bien protegida por los troncos caídos de los árboles. Una vez arriba, se abrazaron.

—Esa mujer parecía una arpía tuerta, cuando te apuntaba con el rifle —dijo Liza.

82

Julilly se rió. Volvió a guardar el dinero en su saco y se fue calmando.

Las dos amigas se movían con dificultad. Sabían que si no conseguían comida, pronto no tendrían fuerzas para buscarla.

Caminaron en dirección opuesta y pronto llegaron a un llano en el que pastaban unas vacas. Del cuello de una de ellas colgaba un cencerro.

Las vacas estaban dispuestas para ser ordeñadas pero ni Julilly ni Liza lo' habían hecho nunca, ni siquiera habían estado nunca cerca de una.

—Hay que hacer algo, Liza. Hablar con los blancos y suplicarles algo para comer. Pero no quieren nuestro dinero. Tengo miedo.

—Podremos conseguirlo, Julilly. Tú tienes fuerza y valor y yo le estoy pidiendo al Señor que nos ayude.

Estaban tan entretenidas y el cencerro de la vaca sonaba tan cerca que no oyeron al granjero de piel blanca que estaba detrás de ellas.

No tuvieron tiempo ni de moverse cuando se les puso delante.

—El Señor nos proteja —dijo Liza cogiéndose al brazo de Julilly.

Julilly miró a aquel hombre. No era un granjero como Sims o Riley. Tenía un aspecto simpático. En sus ojos azules no había nada mezquino.

El hombre sonrió.

—¿Esclavos? —preguntó.

Las chicas no se movieron.

El granjero agarró a la vaca por el collar y empezó a bajar por el sendero de la montaña. Les hizo una seña para que le siguieran. Las chicas empezaron a caminar detrás, pero a una distancia prudencial.

Giraron por un bosquecillo y llegaron a una tierra llana en la que había una hilera de cabañas nuevas y relucientes con jardines detrás y flores en las esquinas.

84

Unas mujeres peinadas con moño iban y venían ocupadas con sus labores. Los niños pequeños saltaban y jugaban juntos. Se detuvieron un momento para mirarlas y luego siguieron jugando. Parecían acostumbrados a ver esclavos que seguían a un granjero.

Una mujer se acercó a ellas como si las hubiese estado esperando. Le dirigió al granjero unas extrañas palabras.

—Hablamos alemán —les explicó.

—¿Alemán? —repitieron ellas. Aquella palabra no significaba nada ni para Julilly ni para Liza. Pero siguieron a la mujer.

Entraron en una de aquellas cabañas. Estaba tan limpia por dentro como por fuera. En la cocina, una enorme olla desprendía vapor de agua limpia.

La mujer sonrió.

—¿Chicas? —dijo señalando sus pantalones y sus camisas rotas. Las ropas no le habían engañado.

—Os lavaréis en la bañera —pronunciaba el inglés despacio—. Me daréis esa ropa vieja.

Y les entregó un trozo de jabón y dos toallas blancas. Después esperó a que las chicas se quitaran sus harapos. Metieron las manos en el agua. La mujer se reía.

—No, os metéis enteras y os frotáis. El pelo también.

Levantó la ropa con un palo, para no tocarla, y la sacó de la habitación.

Liza y Julilly se miraron.

—Eres la chica más sucia que he visto nunca —dijo Liza—. Tú me frotas a mí y yo te froto a ti.

Julilly vio las cicatrices que cruzaban la espalda de Liza. Apartó la mirada rápidamente y se metió en la bañera.

—Nunca había estado en una bañera, parece muy agradable.

Se hundió lentamente en el agua.

—Yo me siento como un pescado sin piel —dijo Liza riendo y se metió al lado de su amiga.

Las chicas se lavaron la cara, el pelo y las piernas. Las burbujas fueron primero blancas, después grises y finalmente marrones.

Salieron de la bañera y se secaron. En la cocina entraron varias mujeres. Dos se llevaron la bañera para vaciar el agua. Otra les dio unas faldas largas y limpias, y las demás dejaron sobre la mesa unos vasos de leche, un pan tierno, mantequilla y unas lonchas de carne. Liza y Julilly se sentaron en los bancos y empezaron a comer.

Las mujeres charlaban entre ellas, siempre en aquel extraño alemán.

Luego entró la mujer que les había ordenado bañarse. Les hizo un gesto de reprimenda.

—Comed despacio —dijo—, después de dormir podréis comer más.

Puso unas alfombrillas limpias en el suelo. No había moscas ni se oía el zumbido de los mosquitos.

—Siento la piel tan limpia que debo hacer reflejos —dijo Julilly con un bostezo.

Liza se estiró la camisa y se miró las manos por los dos lados para comprobar su limpieza. Dos gruesos lagrimones rodaron por su cara. Se los secó con rabia.

—Es que nunca había estado tan limpia por todas partes —explicó.

La mujer que hablaba poco inglés sonrió. Cogió a las chicas de la mano y las llevó hasta las alfombrillas.

—Dormid —dijo.

Y salió.

La luz dorada que entraba por la puerta fue desapareciendo hasta que todo quedó en penumbra. Las muchachas se durmieron enseguida.

Fue un sueño largo. Varias veces se sobresaltaron con los ruidos de las primeras horas de la mañana, pero al sentir la seguridad de la cabaña siguieron durmiendo.

—Mis huesos cansados han dormido tranquilos y felices —dijo Liza al despertar.

—Voy a cantar —anunció Julilly.

Al principio sólo fue un tarareo.

Me voy a la tierra prometida
Me voy a la tierra prometida

Pero luego la canción surgió en voz alta, con un sonido tan parecido al de Mamá Sally, que la misma Julilly se asombró.

Oh, quién vendrá conmigo
Me voy a la tierra prometida

Las mujeres y los niños de las otras cabañas acudieron a escucharla. Sonreían. Una de ellas movía la cabeza y lloraba.

Dos de las mujeres entraron en la habitación y pusieron más alimentos sobre la mesa. Las chicas comieron. Cuando la mujer que hablaba inglés, entró con sus camisas y pantalones limpios y remendados, Julilly y Liza se dieron cuenta de que su visita había terminado.

La mujer les dio la ropa y dos paquetes con comida.

—Ahora, cambiaos de ropa y marchaos —dijo con dificultad—. Hay cazadores de esclavos en el valle. Subid a las montañas y luego, siempre al norte.

Las chicas se vistieron y cogieron los paquetes de comida.

—¿Sóis abolicionistas? —preguntó Julilly.

—No, menonitas —dijo la mujer—. Levantamos este lugar lejos de la gente. Esto es Felsheim, Tennessee.

Julilly y Liza no sabían cómo expresar su agradecimiento hacia aquella mujer. Les era muy difícil saber cómo debían aceptar y agradecer lo bueno que recibían de personas de raza blanca.

14

No había peligro de en-
contrar cazadores· de es-
clavos en los caminos de
alta montaña. Pero aún sin ellos, aquel lugar era aterra-
dor.

Aullidos de animales que no habían oído nunca reso-
naban de una cima a otra. El camino se hacía a veces
tan estrecho como una hebra de algodón, como decía
Liza.

Las chicas se ayudaban mutuamente. Una vez que
Julilly tuvo que agarrarse a la rama de un árbol para
no resbalar por la ladera. Liza se echó sobre ella y la cogió por la cintura.

—Si la estrella polar no estuviera siempre ahí arriba,
guiándonos —dijo Julilly con un estremecimiento— no
podríamos continuar.

Poco después, empezó a soplar un viento extraño.
Sus ráfagas hacían oscilar las piedras del camino y movía las ramas de los pinos gigantes.

Una nube tapó la luna borrando el camino. Todo
quedó oscuro como el fondo de una cueva. El aire era
frío. Julilly y Liza dejaron de escalar y se sentaron en el
tronco de un árbol. El viento lo azotaba todo como un
látigo.

No muy lejos de allí, retumbó un sonido sordo. A la

luz de un relámpago, Julilly y Liza vieron un árbol enorme arrancado de cuajo. Los truenos parecían romper el cielo y la lluvia era como una cortina de agua. De nuevo, el fulgor de otro relámpago iluminó el cielo y las chicas vieron un lugar llano, protegido por el saliente de una roca.

—Liza, amontona todas las ramas que encuentres debajo de esa roca —gritó Julilly.

Pronto tuvieron un buen montón de ramas.

—Ahora cavaremos un hueco debajo de la roca —volvió a gritar Julilly.

Fueron arañando la tierra hasta que les sangraron las manos, pero habían conseguido construirse un refugio lo suficientemente grande como para meterse las dos con sus fardos.

—Aquí se está seca —dijo Liza frotándose las manos.

Sus ropas recién remendadas, goteaban agua. Tenían escalofríos. Se quitaron la ropa, la escurrieron lo más que pudieron y la colgaron en las ramas de dentro. Se cubrieron con hojas secas y ramas de pino y se durmieron.

Cuando despertaron, el viento había dejado de soplar. Los pájaros cantaban y el sol calentaba tímidamente. Las chicas miraron a su alrededor. Las ramas y las hojas se entremezclaban esparcidas.

—Es como si alguien hubiera puesto todo del revés —dijo Julilly sacando la cabeza por encima de una rama.

—No creo que a nadie se le ocurra buscar esclavos fugitivos en medio de este desastre —dijo Liza sacudiendo la ropa húmeda y colgándola en una rama más aireada.

El sol no calentaba demasiado, pero por fin, la ropa quedó seca y tiesa. Las chicas se vistieron y comieron un poco de lo que les habían preparado las mujeres de Felsheim.

—Será mejor que andemos a la luz del día —dijo Julilly—. No quedan senderos ni rastros.

Continuaron siempre cerca de los árboles para poder
refugiarse en caso de peligro. A veces, algunos animales
peludos pasaban corriendo delante de ellas pero las bes-
tias salvajes que aullaban de noche, parecían ocultarse
durante el día.

La tierra se fue haciendo más llana cada vez y las ci-
mas de las montañas quedaron atrás. Aquella noche des-
cansaron, llenas de inquietud, en un campo de maíz,
junto a la carretera.

A primera hora de la mañana, Julilly vio a un viejo
de color que renqueaba por la carretera arrastrando una
carretilla. Salió de su escondite y se acercó. No tenía
miedo de aquel negro viejo de pelo blanco.

—¿Podría decirme cuál es la próxima ciudad? —le
preguntó.

El viejo se sobresaltó un poco. Julilly le había asusta-
do. Paró la carretilla y la miró con atención.

—Lexington, Kentucky —contestó amablemente.
Luego preguntó:

—¿Eres esclavo? ¿estás huyendo?

Julilly no tuvo que contestar. El viejo ya lo sabía.
Miró con cuidado la carretera que quedaba atrás, como
si esperase a alguien. Dejó la carretilla a un lado de la
carretera. Metió la mano dentro de su chaqueta y sacó
media barra de pan.

—Toma, hijo. Para ti —dijo en voz baja mirándola
con sus ojos cansados.

—Si yo fuera joven, también me iría —dijo mirando
de nuevo la carretera. —Escóndete entre esos matorrales, chico. Cuando se haga de noche, sigue la vía del
tren hasta Covington. Hay un negro liberto llamado Jeb
Brown que vive allí. Te ayudará a cruzar el río Ohio en
su barquita. Tienes que cruzar el río Ohio para llegar al
Canadá.

Julilly se sorprendió de que aquel anciano supiera que iba al Canadá. Pero no le preguntó nada. Le estrechó la mano y le dio las gracias.

Se dirigía de nuevo a su carretilla cuando un hombre a caballo giró por la curva de la carretera y se detuvo junto a él.

Julilly se refugió en el campo de maíz.

El hombre del caballo tiró de las riendas y miró al viejo con ojos irritados.

—¿Qué pasa, Joe? —le gritó— descansando en la carretera desde tan temprano. Vamos, a trabajar.

Y agitó el látigo en el aire.

El viejo se inclinó, cogió la carretilla y continuó con paso cansado por la carretera.

Julilly y Liza se abrazaron llorando.

—También es esclavo —exclamó Julilly mirando el pan—. Hoy pasará hambre, nos dio toda su comida.

Las chicas estuvieron lejos de la carretera durante todo aquel caluroso día. Un tren pasó dos veces por allí cerca. Tocaba la campana y desprendía vapor. La brújula señalaba el norte en dirección a aquel sonido. No sería difícil encontrar las vías cuando cayera la noche.

Mordisquearon el pan que les había dado el anciano y trataron de comerse alguna mazorca, pero no tenían agua y la comida resultaba dura y seca.

La noche cayó pronto y las nubes se amontonaron, convirtiendo el cielo en una tapadera gris.

Las chicas se arrastraron hacia la carretera y descubrieron las vías junto a ellas. Era una suerte que la luna estuviera oculta. Siguiendo las vías no podían ocultarse.

A la noche siguiente, siguieron caminando por los raíles. La estrella polar brillaba sobre sus cabezas, pero Julilly y Liza estaban intranquilas. Había tanta luz que cualquiera podía verlas caminar por las vías. Entraron en un bosque. Estaban hambrientas y cansadas.

Pasaron por un campo de maíz con mazorcas llenas de grano.

—Vamos a hacer un fuego y tostaremos algunas mazorcas —dijo Julilly.

Estaban reuniendo ramas secas cuando se acercó un perro saltando y ladrando. Corrieron hacia el árbol más próximo. Julilly levantó a Liza hasta la rama más baja y luego se colgó de ella. El perro se acercó y siguió ladrando junto al tronco.

Las chicas sentían latir tan fuerte el corazón que les costaba trabajo respirar. Podía ser el perro de un buscador de esclavos.

Oyeron un silbido. El perro dejó de ladrar y se puso a gruñir. Después oyeron unos pasos.

—¿Qué buscas en ese árbol, Pal? —preguntó una voz ronca.— ¿Algo de comer?

Liza y Julilly bajaron la mirada. ¡Era un negro!

—¡Alabado sea Dios! —exclamó Julilly en voz alta para que le oyera el hombre.

—Calla, Julilly —le dijo Liza— confías en la gente demasiado pronto.

—¿Eres Jeb Brown? —preguntó Julilly.

—No, no soy Jeb Brown —contestó el hombre después de un rato—. No quiero tener nada que ver con él. Está metido en un buen lío.

Las chicas se subieron a otra rama más alta.

—No tengáis miedo de mí —dijo él.

Las chicas estaban asustadas.

—Escuchadme —dijo el hombre en voz baja.— Bajad de ese árbol cuando el perro y yo nos hayamos ido. Caminad recto en dirección norte hasta que oigáis el agua del río Ohio. En la orilla veréis una casita con una vela en la ventana. Eso es todo lo que puedo decir.

Llamó a su perro con un silbido y se adentraron en la maleza.

—Ese hombre es más cobarde que un ratón —dijo

92

Julilly. Bajemos de aquí y vamos a buscar al verdadero Jeb Brown.

Fue fácil dirigirse al norte siguiendo la arboleda y el surco de los campos de maíz. Al final del campo ya se oía el rumor del agua.

—El río Ohio, Liza —susurró Julilly—. ¡Hemos llegado al río Ohio!

Caminaron orientándose por el ruido pero se detuvieron cuando vieron una luz titilante en la ventana de una cabaña de troncos.

—Es la cabaña de Jeb Brown —dijo Julilly y se dirigió hacía ella. Liza la detuvo.

—Eres demasiado crédula —la dijo—. Aquel hombre puede habernos mentido.

Julilly no la hizo caso, la cogió de la mano y fue con ella hacia la cabaña. Cuando llegaron a la puerta, Julilly llamó suavemente.

Dentro gruñó un perro. Luego se oyó la voz de un hombre.

—¿Quién es?

—Amigos con un amigo —Julilly usó la contraseña.

Se abrió la puerta y apareció un hombre corpulento, de piel negra como el carbón y pelo gris y ondulado. Junto a él, gruñía un perro marrón.

—¿Es usted Jeb Brown? —preguntó Julilly.

—El mismo —contestó él.

Las hizo pasar rápidamente.

—Quieto, Pal —dijo dando unas palmadas al perro en la cabeza.

Luego llamó a alguien.

—Ella, tenemos un cargamento, dos paquetes de mercancías.

Una mujer bajita y vivaracha, de piel morena, apareció en la puerta. Le brillaban los ojos a la luz de la vela que llevaba en la mano. Alrededor de la cabeza tenía una aureola de pelo blanco como algodón recién cortado.

94

Jeb bajó las cortinas de todas las ventanas. Ella se dirigió a un aparador e indicó a las chicas que la siguieran. Empujó la pared que se abrió como si fuera una puerta. Pasaron todos y la pared se cerró tras ellos. Sólo el perro quedó fuera.

La habitación que se abría al otro lado de la pared era pequeña pero agradable. En el suelo había alfombras y vieron una mesa alargada y unos bancos a su alrededor. La única ventana estaba en el tejado.

Liza cayó al suelo, estaba demasiado cansada y hambrienta para dar un paso más.

—Pobre niña —ella se inclinó para mirarla de cerca, luego se echó a reír—. Ya imaginaba yo que erais dos chicas. Os hemos estado buscando desde que vuestros compañeros Lester y Adam pasaron por aquí.

—¡Lester y Adam!

—Descansad en estas alfombras —dijo Jeb amablemente, acomodándose en uno de los bancos—. Voy a contároslo todo mientras Ella prepara la cena.

Las chicas querían enterarse en seguida de todo lo referente a Lester y Adam.

—Llegaron aquí de noche, hace más de una semana —dijo Jeb tranquilamente.— Llevaban las manos encadenadas. Los hierros se les habían clavado y sangraban los dos.

Julilly cerró los ojos. Tenía miedo de oír el resto de la historia.

—Lester tenía un brazo dislocado. Adam tenía el pie hinchado y le dolía tanto que no podía levantarlo.

—¿Cómo sabían que tenían que llegar hasta aquí? —preguntó Julilly.

—Vinieron porque esto es una estación del Ferrocarril Subterráneo —respondió Jeb sencillamente—. ¿No vinisteis por eso vosotras?

Ella les interrumpió al entrar por la puerta secreta. Llevaba una bandeja de comida caliente que dejó sobre la mesa, junto a la vela encendida. Era un festín de carne fresca, pan de maíz, miel, leche y mantequilla.

Inclinaron la cabeza y Jeb rezó una plegaria. Una oración llena de esperanzas y promesas.

—Amén —dijo Liza emocionada.

Mientras comían, Jeb les contó la historia de cómo Lester y Adam habían escapado del carro del cazador de esclavos, tirándose al pantano y permaneciendo bajo el agua hasta que perdieron el rastro. Habían bebido agua del pantano y comido berros. Lester conocía los nombres de algunas personas de la línea del Ferrocarril Subterráneo.

—Massa Ross le había confiado los nombres en secreto y él guardó el secreto incluso con vosotras dos —concluyó Jeb.

—Esos chicos estaban muy mal —interrumpió Ella. Les cuidé durante una semana en esta misma habitación. Cuando pudieron andar, se fueron. Nos encargaron que os buscásemos.

—Pero, ¿qué es eso de la línea del Subterráneo? —preguntó Liza.

—¿No lo sabes? —rió Jeb—. Los cazadores de esclavos lo llamaron así. Decían que los fugitivos desaparecían como si se los hubiera tragado la tierra. Y que debajo, había una línea de ferrocarril.

—Los abolicionistas usamos el ferrocarril constantemente —rió Ella suavemente—. Las personas de color y las blancas trabajamos juntas. Las casas donde escondemos a los esclavos son las estaciones del ferrocarril, las carreteras que seguís, son las vías. Y vosotros, los fugitivos sois el «cargamento». Las mujeres son «mercancías» y los hombres «ferretería».

—Desde aquí os mandaremos al «presidente» del Ferrocarril Subterráneo, Levi Coffin —dijo Ella— es un cuáquero que vive al otro lado del río, en Cincinnati.

15

En la sólida cabaña de Jeb Brown, junto a las caudalosas aguas del río Ohio, dormían cuatro personas. Sólo Pal, el perro, se agitaba inquieto. Con su hocico negro pegado a la puerta olfateaba gente que se acercaba. Se dirigió nervioso a la cama de su amo y le tiró de la manga.

Jeb se despertó al instante. Estaba entrenado para eso, igual que su perro.

—Ella —dijo en voz baja, dándole con el codo—. Tenemos problemas.

Ella se levantó y encendió la vela sin hacer ruido. Las cortinas estaban bien corridas. Se dirigió a la puerta secreta y fue de puntillas hasta las alfombras en las que dormían las muchachas.

—Julilly, Liza —dijo sacudiéndolas con suavidad.

Las chicas se sentaron asustadas. Trataban de recordar dónde estaban. Ella las tranquilizó pasando su mano fuerte sobre sus espaldas.

—Pal olfatea gente —susurró—. Pueden ser cazadores de esclavos.

Julilly se quedó paralizada de miedo.

—Señor, ayúdanos de nuevo —suspiró.

—No nos cogerán ahora, cuando ya hemos llegado hasta el río Ohio —dijo Liza con violencia y decisión—.

Nos esconderemos o correremos, nadaremos y cruzaremos ese río, Julilly.

La cara de Liza reflejaba odio y amargura.

Ella fue al centro de la habitación y sacó una escalera de cuerda que colgaba de la pared, pero que al desenrollarse, quedaba enganchada en la ventana del tejado.

—Escuchadme —dijo Ella con voz tranquila.— Enrollad las alfombras y dejadlas en un rincón. Coged vuestras cosas y subid por la escalera. Cuando estéis arriba la recogéis y cerráis la ventana. Luego os echáis en el tejado. No han cogido a nadie ahí arriba.

Y salió de la habitación.

Las chicas hicieron exactamente lo que se les había dicho. Julilly ayudó a Liza a subir y luego subió ella. El tejado era casi plano. No sería difícil echarse en él y además se podía oír lo que ocurría en la casa.

Unos jinetes se acercaban, y Pal se puso a ladrar furiosamente.

Oyeron una voz en la oscuridad.

—Jeb Brown, ata a ese perro ahí dentro o le vuelo la cabeza... Somos el sheriff Starkey y un amigo. Tenemos orden de arresto y queremos entrar.

Las chicas temblaban. Pal había dejado de ladrar y ahora se le oía gemir.

La puerta de fuera se abrió.

—Eh, vosotros, negros libertos, ladrones de esclavos, encended una luz. ¿Queréis que nos rompamos el cuello en este negro agujero?

Encendieron una vela.

Aquella voz seguía retumbando.

—Este amigo mío —gritó— ha viajado desde Vicksburg, en Mississippi, en busca de cuatro negros que escaparon de la plantación Riley. Valen quinientos dólares cada uno y eso es mucho dinero. Queremos cogerlos vivos.

—Siéntese, sheriff —dijo Jeb con su voz lenta—. ¿Quiere que Ella les prepare algo caliente para beber?

No hubo respuesta. Sólo se oía ruidos de arrastrar y entrechocar cosas y mover muebles.

—Si están por aquí, les encontraremos —seguía gritando el sheriff—. Se dice que tú tienes algo que ver con el Ferrocarril Subterráneo, Jeb. Que metes a los esclavos bajo la tierra y nadie vuelve a verlos más.

No se oyó respuesta de Jeb ni de Ella. Sólo los gemidos de Pal.

Continuaban los ruidos del registro. Julilly pensaba qué haría si los hombres se subían al tejado.

Liza pareció leer sus pensamientos.

—Si suben aquí, saltaremos al suelo —dijo—. Correremos al río y buscaremos la barca de Jeb.

Julilly estuvo de acuerdo.

Por fin, cesaron los ruidos. La conversación tenía un tono más bajo y las chicas no entendían las palabras. De vez en cuando se oía un golpe como si los cazadores quisieran atravesar alguna puerta.

Julilly estaba atenta a todos los golpes y amenazas.

Por fin, la puerta de entrada se cerró de golpe y se oyeron los pasos de los dos hombres en el porche.

—No os cogimos esta vez, Jeb —dijo el sheriff desde su caballo —pero os tenemos echado el ojo. Esconde algún otro de esos fugitivos y os meteremos a ti y a Ella en la cárcel, y tendréis que pagar una multa de mil dólares.

Ni Jeb ni Ella dijeron nada. La puerta volvió a cerrarse y el estruendo de los cascos de los caballos desapareció.

Julilly y Liza bajaron despacio por la escalera de cuerda y volvieron a la habitación secreta.

Ella ya estaba allí.

—Ese sheriff —murmuró— es un mal hombre. Se ha ido, pero volverá.

—Entonces, Liza y yo nos marchamos —dijo Julilly.— Podemos escondernos en el campo.

Liza empezó a hablar y de repente, cayó al suelo desmayada.

Julilly la sacudió frenética.

—No puedes dejarme ahora —sus ojos fieros parecían no pertenecer a aquel cuerpo frágil.

—Iré contigo Julilly —dijo con fuerza.— Sólo estoy descansando. Necesito tomar un poco de sopa caliente de Ella.

Ella trajo en seguida el caldo caliente y se lo acercó a los labios. Pareció reanimarla y se puso en pie lentamente.

—Necesitas un buen descanso, niña —la voz de Ella sonaba con preocupación.— Pero no podéis quedaros aquí. El sheriff volverá esta noche. Lo presiento.

Julilly se estremeció.

—Jeb quiere que crucéis el río esta noche —continuó Ella—. Escuchad, va a ver si consigue respuesta del otro lado.

Las chicas escucharon. El ulular tembloroso del búho entró por la ventana del tejado. Hubo un silencio y luego volvió a oírse una y otra vez. Por fin, se escucharon débiles, pero claras, tres señales de respuesta.

Ella estaba excitada.

—El ulular del búho es la «señal del río». Tenemos suerte de que esta noche haya alguien al otro lado.

Se movía con rapidez. Desató a Pal, que seguía gimiendo en su rincón y cruzó la puerta.

—Seguidme a mí y a Pal hasta el río —susurró Ella a las chicas—. Jeb os llevará en la barca hasta el otro lado.

Jeb les esperaba en la orilla con una pequeña barca de remos. Julilly quiso ver la otra orilla pero no pudo divisar nada en la oscuridad.

Jeb sostuvo la barca para que subieran las chicas. Julilly sostuvo a Liza y la hizo sentar junto a ella. Nadie

100

hablaba. Sólo se oía el aliento de Pal y el rumor del agua.

Jeb se sentó a los remos. Se acercó hacia Julilly y Liza dijo en voz baja:

—Agachad la cabeza lo más que podáis y sujetaos fuerte a los lados de la barca. No hagáis ningún ruido.

Ella empujó la barca y dijo adiós con la mano.

Los remos de Jeb se sumergían silenciosamente en el agua. La barca atravesaba la corriente. Tres gritos de búho vibraron en el aire. Jeb contestó de la misma manera y giró la barca ligeramente hacia arriba.

Julilly y Liza no sabían nadar. Nunca habían tenido ocasión de aprender y el río era para ellas algo misterioso y terrorífico.

Por fin vieron la línea negra de la orilla. Una figura silenciosa les hacía señales desde ella. Jeb tiró una cuerda y la barca fue arrastrada en silencio.

El hombre que tiraba de la cuerda era blanco. Las chicas se dieron cuenta en seguida. Los dos hombres se saludaron con un gesto y Jeb estrechó la mano a Julilly y a Liza. No hacía falta hablar. El apretón de manos estaba lleno de calor y valentía.

—Estas manos que nos ayudan —pensó Julilly— son los raíles y las locomotoras del Ferrocarril Subterráneo. Tiran de nosotros desde el Mississippi hasta el Canadá, trabajando y formando una cadena protectora. Verdaderamente, hay gente buena en el mundo.

Las chicas fueron conducidas, muy deprisa, hasta un carro tirado por un caballo. De debajo, sacaron un gran cajón y las metieron dentro. Luego cerraron el cajón. No había mucho sitio pero estaba forrado con unas mantas calientes y de olor agradable.

—Ahora sí que parece que vamos en el Ferrocarril Subterráneo —dijo Liza en voz baja.

El cómodo cajón empezó a moverse al ritmo del caballo y Julilly sintió ganas de cantar. Tarareó en silen-

102

cio, como lo hacía tiempo atrás en la plantación de Massa Hensen.

Cuando Israel estaba en tierra egipcia
Dejad marchar a mi pueblo.
Tanta opresión no pueden resistir.
Dejad marchar a mi pueblo...

Una voz habló suavemente entre los maderos que llevaban encima.

—Si todo va bien, llegaremos a casa de Levi Coffin, en Cincinnati, por la mañana. Si nos detienen, no hagáis ruido.

16

Julilly y Liza estaban dormidas cuando el carro con su cajón escondido llegó a una gran casa situada en la esquina de la calle Broadway, en Cincinnati. Una lluvia fría regaba el césped y el largo porche de la casa, que rodeaba una fila de ventanales y la amplia puerta principal.

Cuando abrieron el cajón, las dos chicas dormidas recibieron de repente la lluvia y el frío. Se despertaron en seguida y salieron fuera. Julilly sostenía a Liza que no andaba bien.

El conductor las llevó hasta la puerta. Llamó tres veces y dijo en voz baja:

—Un amigo con amigos.

La puerta se abrió al instante.

De pie, para recibirlas, había un hombre alto al que no conocían. Su cara era delgada y sus ojos azules eran tan directos que no había modo de escapar a ellos. Primero miró a Julilly y luego a Liza. Por encima de aquellos ojos azules se veía un sombrero cuáquero de ala ancha.

El hombre alto les hizo pasar.

—Esta vez, habéis traído pasajeros valiosos —le dijo al conductor del carro que iba casi cubierto por completo con una capa.

—Ahora ya puedes desenganchar, dejar la locomotora en mi establo y apagar el vapor —reía el hombre alto mientras daba instrucciones—. Le daremos agua y comida.

—Gracias, amigo Coffin —dijo el conductor y salió por la puerta.

Levi Coffin, el presidente del Ferrocarril Subterráneo, exclamó dirigiéndose a otra habitación.

—Me parece que tenemos mercancías del Mississippi —sus ojos azules brillaban.

Una voz enérgica de mujer respondió:

—Bueno, trae esos dos paquetes del Mississippi al comedor.

Una mujer fuerte de cara amable y con gafas de montura oscura, les saludó. Su largo vestido gris y su cofia blanca parecían hacer juego con los pantalones y el abrigo de su esposo.

—Pobrecitas —dijo pasándoles un brazo por los hombros—. Tenéis frío y vais mal vestidas.

De un taburete cogió unos chales y las tapó. Luego las llevó hasta una mesa de comedor.

Julilly y Liza se quedaron de una pieza. Había otros cuatro negros mirándolas con cara de conejos atrapados. Tenían las manos arañadas y el pelo enredado. Su ropa sólo eran harapos llenos de polvo.

Julilly se dio cuenta de que ella y Liza tenían el mismo aspecto.

—Tía Katie —gritó una voz desde la cocina—. Ya puedes venir por la comida.

Julilly y Liza comieron deprisa. La comida caliente calmó el dolor de su cuerpo.

Cuando terminaron la comida, la tía Katie y la chica de la cocina quitaron todos los platos de la mesa y pusieron sillas y bancos en su lugar.

—Esto lo hacemos por si vienen los cazadores de esclavos. Un montón de platos sucios les haría sospechar —dijo tía Katie sonriendo.

105

Luego indicó a las chicas que la siguieran. Los otros esclavos fueron con la chica de la cocina.

Levi Coffi, el conductor del carro y otro hombre entraron por la puerta principal.

A Julilly le dio un vuelco el corazón. Aquel hombre era el sheriff de la casa de Jeb y Ella Brown.

—Ya sé que es usted un respetable comerciante de Cincinnati, señor Coffin, y un cuáquero famoso —la voz ronca subió de tono—. Pero también es usted famoso por ser el más célebre ladrón de esclavos de todo el estado de Ohio.

El señor Coffin no dijo nada.

La tía Katie cogió a Julilly y a Liza y las llevó al dormitorio más cercano. Echó abajo toda la ropa de la cama. Metió a las chicas entre el colchón de paja y el de plumas, dejando espacio para que pudieran respirar, y luego volvió a poner las ropas en la cama.

—Alisaré la colcha y pondré los almohadones encima —hizo una pausa—. Nadie diría que hay dos personas metidas ahí dentro.

Las chicas oían crujir la mecedora.

—Rezaré por vosotras —dijo tía Katie—. Y no os preocupéis. Levi no teme a los cazadores y casi nunca perdemos un esclavo.

El cazador de esclavos que tenía la voz parecida al sheriff Starkey hablaba en el comedor.

—Cuatro esclavos valiosos han escapado de la plantación Riley, en Mississippi —dijo con voz irritada—. El dueño los quiere recuperar y ha ofrecido una buena recompensa. Los he estado siguiendo y todo me lleva directamente a esta casa —calló un momento y luego preguntó—. ¿Por qué un hombre como usted se mezcla en este endiablado asunto, Coffin? Tengo una orden legal que me permite registrar la casa.

La voz profunda de Levi Coffin respondió con dulzura:

—Mi querido amigo. Yo no oculto mis intenciones ni ofendo a nadie. Pero debe usted saber que yo, en todo momento, obedezco los mandatos de la Biblia y lo que me dicta la humanidad. Hay que alimentar al hambriento, vestir al desnudo y ayudar al oprimido. Y en la Biblia no se menciona ninguna distinción de color para estos actos.

Julilly escuchaba con atención desde su escondite. La Biblia no decía nada de diferencia de color entre los seres.

Después de un largo silencio se oyó una llamada en la puerta del dormitorio. La voz amable del señor Coffin —dijo— cuando se abrió la puerta.

—Sheriff, aquí mi esposa lee y cose desde las primeras horas de la mañana... Catherine, el sheriff Donnell parece decidido a registrar nuestra casa.

Julilly aguantó la respiración. Sabía que el más ligero movimiento podía delatarlas.

—Buenos días, sheriff. Qué lástima que tenga usted que salir con este tiempo tan malo. ¿Quiere usted que vaya a la cocina y le prepare un poco de café? —dijo la tía Katie con dulzura.

El sheriff parecía violento. Empezó a tartamudear.

—No tenía intención de molestar a la señora en su habitación.

Los dos hombres salieron y cerraron la puerta. Sus voces se alejaron hasta convertirse en un murmullo.

La mecedora de la tía Katie dejó de oírse. Julilly y Liza estaban atentas a oír cerrarse la puerta principal. Cuando esto ocurrió y antes de que hubieran quitado la ropa de la cama, Levi Coffin entró visiblemente nervioso.

—El sheriff se ha ido Catherine, pero estoy seguro de que volverá con más hombres y hará un registro minucioso de toda la casa —dijo—. Creo que lo mejor será vestir a todos los esclavos con ropa gruesa y ponerlos en el tren de carga del mediodía hacia Cleveland.

—Tienes razón, Levi —dijo tía Katie con voz firme y práctica.

Su marido salió para avisar a los esclavos.

—Ya podéis salir, chicas —dijo tía Katie levantando una esquina de la cama.

Las chicas salieron, enredándose en las mullidas mantas.

—Hemos pasado un buen susto —dijo acercándose a una ventana y descorriendo las cortinas.

—El día gris está de nuestra parte. Levi tiene razón. Hemos de llevaros al Canadá lo antes posible.

—El caso es seguir adelante —dijo de pronto Julilly.

—Dios os bendiga, hijas —dijo la tía Katie con los ojos llenos de lágrimas—. Ojalá pudierais quedaros más tiempo conmigo, pero no puede ser.

Las llevó a una habitación pequeña en la que había todo lo necesario para lavarse. Les dijo que lo usaran y pusieran sus ropas en un cesto.

—El ropero de nuestra reunión de cuáqueros proporciona grandes cantidades de ropa para los que hacen parada en el «almacén» Coffin —rió la tía Katie.

Sacó del armario ropa nueva para Julilly y Liza.

—Me parece mejor que sigáis vestidas de chicos. Los cazadores están buscando dos chicas. Os daré a cada una un jersey gordo. Los necesitaréis cuando llegue el invierno.

Julilly sostuvo la ropa nueva en sus brazos. Los jerseys eran de lana pura y de color azul y aspecto suave. La costaba trabajo pensar que además de lavarse se pudiera llevar aquel jersey.

Liza sonrió cuando dijo:

—Con todo esto, cuando lleguemos al Canadá, Lester y Adam se van a creer que soy la reina Victoria.

Y dedicó a Julilly una sonrisa radiante. ¿Dónde estaba ahora la antigua Liza? ¿La Liza encorvada, triste e irritada?

Con su jersey nuevo y una boina a juego. Julilly y Liza subieron al carro que les esperaba en la calle, frente a la casa de Coffin.

La tía Katie las abrazó y Coffin las miró con sus ojos azules firmes y brillantes.

—Dios os bendiga a las dos —dijo cerrando la puerta del carro.

El interior del carro estaba vacío. Tal vez los otros esclavos ya habían salido o les estarían esperando en otro lugar oculto.

Julilly y Liza se sentaron juntas. Vestidas así no parecían esclavas. Nadie las reconocería.

—Me siento segura y fuerte —dijo Liza—. Como una señora elegante y limpia.

El trayecto fue corto. El carro paró y el conductor habló con otro hombre.

—Un amigo con amigos —dijo.

—¿Qué quieres mandar como cargamento?

—Dos paquetes de mercancía —fue la respuesta.

—Llévalos hasta el final de la estación y lo pondremos en el último vagón de carga.

El carro empezó a andar de nuevo y cuando se detuvo, la figura confusa de un hombre abrió la puerta.

—Tenéis que meteros en estos sacos —dijo nuevamente metiendo dos sacos de arpillera en el carro y cerrando la puerta.

—Podéis respirar a través de los sacos —dijo hablando desde fuera— y podréis moveros un poco cuando os dejemos en el vagón de carga. Y no os pongáis tiesas cuando os llevemos.

Las chicas se pusieron los sacos hasta la cabeza. Fuera se oía el silbido de la locomotora y el choque y las sacudidas de los vagones de carga.

—No me gusta que me metan en un saco y me aten, Julilly —dijo Liza con desagrado y miedo en los ojos.

Pero se tapó la cabeza y se sentó a esperar. Julilly hizo lo mismo.

El conductor abrió y se metió dentro. Ató los dos sacos fuertemente, y entregó a Liza a su ayudante que esperaba fuera.

—Acurrúcate como puedas —le dijo a Julilly—. Te llevaré en mi hombro.

Un ruido turbulento de gente y de trenes, junto con el gotear de la lluvia, rodeó a Julilly. Por encima de la confusión, oyó una voz que decía:

—Registrad todos esos vagones y buscad a los esclavos fugitivos.

A Julilly le dio un vuelco el corazón. Se alegró de estar en un saco y entre aquellos brazos protectores.

—Paquetes de mercancías —oyó decir.

La metieron en un vagón y la arrastaron hasta un rincón. Cerca pusieron otro saco. Debía de ser Liza.

—No os mováis ni habléis hasta que se ponga el tren en marcha —dijo en voz baja el conductor—. Vais a Cleveland. Allí os encontraréis con un amigo del Ferrocarril Subterráneo. Es mejor que os quedéis dentro del saco hasta que lleguéis a vuestro destino. Aflojaré las bocas de los sacos para que podáis sacar la cabeza.

Les aflojó los sacos pero todo era oscuridad. El tren empezó a moverse y el hombre se fue en seguida. Al principio todo fueron ruidos y golpes, luego las ruedas empezaron a tomar velocidad, produciendo un sonido monótono y lento.

—Julilly —murmuró Liza—, me parece que se me han soltado todos los huesos y se mueven por donde quieren, dentro del saco.

Julilly no respondió, sentía miedo de la velocidad del tren.

Se adormeció un poco y se sorprendió al despertar y notar que el ritmo del traqueteo iba siendo menor hasta detenerse.

En medio del vagón se vio una luz y la puerta se abrió. Una bocanada de aire frío entró de golpe.

—Busco dos paquetes de mercancías que me envían desde Cincinnati —dijo una voz familiar—. Me encargaré personalmente de su embarque en la goleta Mayflower.

Julilly lo recordó de pronto. ¡Era la voz de Massa Ross, del Canadá! Debía haber escapado de la cárcel. Había acudido para llevarlas hasta la tierra de la libertad.

—¡Sí, ahí está! —exclamó.

Se inclinó sobre las chicas y sin decir nada, ató los sacos rápidamente. Luego cogió a una de ellas y salió. Al cabo de unos minutos estaban las dos en un coche que tenía gruesas cortinas en las ventanas. Desató los sacos y Julilly se encontró cara a cara con Massa Ross. Aunque era un Massa Ross muy cambiado, no llevaba barba y su pelo rojo estaba más corto. Vestía de manera más sencilla.

—Julilly y Liza —dijo con voz apagada—. Gracias a Dios que habéis podido superar todos los peligros y dificultades. Estáis al borde de la libertad.

—Tengo sed, Massa Ross —Julilly casi no podía hablar.

—Pobres niñas —se agachó para abrir una bolsa y sacó una botella. La abrió y puso agua en un vaso.

—Primero Liza —dijo Julilly.

Massa Ross sujetó a Liza y le acercó el vaso a los labios.

—Bebe despacio, hija —dijo—. Cuando el cuerpo se ha deshidratado, no puede soportar mucha cantidad de agua de golpe.

Después bebió Julilly.

Entonces se dio cuenta de que el coche se movía.

—No es fácil la libertad, Massa Ross —dijo Liza—. Incluso a usted le metieron en la cárcel y ya no tiene tan buena cara.

El señor Ross estaba cansado. Apoyó la cabeza en el respaldo.

—Tuvieron que soltarme cuando volvió el esclavo por cuya desaparición me habían detenido. Entró en la sala del juicio cuando estaban a punto de condenarme.

El señor Ross dijo con más suavidad.

—La injusticia es el arma de los hombres malos. Pero siempre hay almas valerosas y nobles, capaces de hacer el bien sin medir las consecuencias. Yo me siento recompensado en todos mis esfuerzos sólo por haber podido liberaros.

Julilly recordó aquel día caluroso en los campos de algodón, cuando Massa Ross caminaba por las hileras y escogió a Lester y después a Adam para servirle de guías. De pronto se dio cuenta de que no había preguntado por ellos.

—Massa Ross —dijo Julilly con miedo y esperanza—. ¿Llegaron Lester y Adam al Canadá?

El señor Ross se inclinó lentamente hacia delante.

—Sí, llegaron perfectamente al Canadá —dijo—. Los dos consiguieron la libertad.

Hizo una pausa.

—Lester tiene un trabajo en una ciudad que se llama St. Catharines. Quiere que vayáis allí con él... Adam murió.

Julilly sintió un dolor agudo en la garganta y Liza se inclinó hacia delante, torciendo su espalda enferma. Tenía los ojos llenos de lágrimas que rodaban por su cara.

—¿Cómo murió, Massa Ross? —preguntó.

—Fueron las cadenas —dijo con voz ronca—. Le apretaban demasiado y le hicieron grandes heridas. Cuando se las quitamos tenía los miembros gangrenados. Adam vivió un solo día en el Canadá. Le enterramos bajo un pino muy alto.

Julilly pensaba con rabia en las malditas cadenas. Hubiera querido romper las de los esclavos de todo el mundo.

El carro se detuvo y Julilly se secó las lágrimas con la manga de su jersey nuevo. Antes de preguntar por Adam, tenía intención de decirle a Massa Ross si había visto a una mujer negra, alta y de paso seguro que era conocida como Mamá Sally, pero ahora no se atrevía.

Las chicas y el señor Ross salieron a una calle gris. Era de noche y para evitar problemas, se calaron un sombrero hasta tapar la cara. Luego metieron las manos debajo de los jerseys azules, buscando su calor.

Ante ellos apareció la gran extensión de agua. No hacía ruido como el Mississippi, pero el agua se levantaba y se dirigía a la costa, hasta convertirse en una hilera de ondas. Los cascos de los barcos anclados, se balanceaban con el oleaje. En uno de los más grandes, estaban izando las velas.

—Ese es el Mayflower, el barco abolicionista. Os llevará con las velas extendidas, por el lago Eire, hasta el Canadá.

—Entonces, ¿no viene usted con nosotras? —preguntó Julilly tímidamente.

El señor Ross levantó los hombros y suspiró.

—Tengo que volver al sur a liberar a más personas de vuestro pueblo —dijo cogiendo los fardos y llevándolos hacia el barco.

—No os quitéis los sombreros ni levantéis la cabeza para mirar a nadie —les indicó el señor Ross. Con esa ropa nueva pueden creer que sois mis hijos. Tenemos suerte de que el día esté nublado.

Cuando faltaban unos pasos para llegar al barco, el señor Ross estrechó la mano de un hombre al que llamó capitán.

—Un amigo con amigos —dijo al principio.

La contraseña mágica del Ferrocarril Subterráneo. Julilly sentía calor y excitación cada vez que la oía.

—Estos son mis hijos —continuó el señor Ross—. Llevadlos a salvo al Fort Malden.

—Claro que sí —dijo el capitán que era un hombre alegre y acompañaba cada palabra con una carcajada—. Venid conmigo chicos, a las literas de abajo.

El señor Ross se despidió de las muchachas con una palmada en el hombro y desapareció en el crepúsculo gris del atardecer.

Las chicas subieron a bordo del Mayflower con el capitán y le siguieron por un estrecho tramo de escaleras y luego por un pasillo con puertas pequeñas a los lados. Se pararon ante una de ellas. El capitán abrió la puerta de una habitación muy pequeña. Tan pequeña que no cabían los tres dentro. En una pared había colgadas dos camas y en la otra una ventanilla redonda que daba al mar.

—Ya sé que sois chicas —dijo riendo el capitán—, pero en este viaje seréis chicos para todo el mundo.

Les enseñó a cerrar la puerta y les aconsejó que no la abrieran a no ser que oyeran tres llamadas y la frase «Un amigo con amigos». Dijo que les llevaría comida y agua y después debían acostarse y dormir vestidas.

—Si todo va bien —sonrió el capitán— llegaremos al Canadá con la primera luz del alba.

Después se agachó un poco y salió por la puertecita. Las chicas cerraron inmediatamente.

18

Julilly y Liza no habían tenido tiempo ni de mirar el camarote, cuando se oyeron tres golpes en la puerta y la voz del capitán en un susurro.

—Un amigo con amigos. Abrid la puerta chicas, tenemos problemas a bordo.

Julilly abrió, el capitán tenía la cara congestionada por la rabia.

—Va a embarcar un cazador de esclavos y un sheriff, traen una orden de registro de la goleta antes de zarpar.

Miró atentamente a las chicas.

—Y tengo la impresión de que sois vosotras las chicas por las que tanto se preocupan.

Recogió sus paquetes y las hizo salir a cubierta. Hacía frío y el viento olía a pescado.

Las llevó corriendo hasta un extremo alejado de la goleta en donde colgaba un bote salvavidas cubierto por unas lonas. El capitán ayudó a las chicas a entrar.

—Encontraréis mantas, agua y algo de comida. Vigilad y pedid al Señor que os proteja —volvió a colocar la lona y las dejó solas.

Estaban temblando. Buscaron las mantas y se metieron debajo para abrigarse y esconderse.

—Si ese sheriff se acerca a nosotras, nos tiraremos al agua —dijo Julilly solemnemente.

Liza se apoyó en su hombro y contestó:

—Nunca volveremos a ser esclavas.

—Después de todo lo que hemos pasado, Liza —dijo Julilly— cualquier cosa será mejor que la esclavitud.

Había una rendija en la parte superior de la barca y las chicas se dieron cuenta de que podían vigilar la cubierta.

Había gente que caminaba con cestos y fardos. Los marineros tiraban de las cuerdas y cargaban el barco. Cerca de la puerta de embarque estaba el capitán con aire enfadado.

Las chicas no perdían detalle. Dos hombres fuertes subieron por el tablaje y se le acercaron. Podían ser el sheriff y el cazador de esclavos, pero Julilly no lo sabía, nunca les había visto.

Los hombres hablaron con el capitán agitando los brazos. Parecían caballos nerviosos. Las palabras no llegaban hasta ella, se perdían entre el viento y el ruido de las olas.

El capitán movió la cabeza y levantó los brazos al aire como desesperado. Se dirigió a la escalerilla y los hombres grandes le siguieron.

—¡Van a registrar los camarotes, Liza! —exclamó Julilly dándose cuenta de la suerte que habían tenido al haber podido escapar de allí.

Se sentía llena de furia contra aquellos hombres que las perseguían como a animales salvajes.

Era ya de noche cuando el capitán y los dos hombres subieron por la escalerilla. Estaban jadeantes y se dirigieron corriendo hacia el tablaje de entrada. Agitaron los puños ante la cara del capitán, pero él les empujó hasta la entrada y les dijo adiós con la mano.

Entonces el Mayflower viró lentamente empujado por el viento y empezó a surcar las aguas.

—Me siento como si volase como esas velas —dijo Julilly.

Y sin querer se durmieron en su refugio. Cuando el capitán las fue a ver, las encontró tranquilas y abrigadas y las dejó que pasaran allí la noche.

La mañana amaneció fresca y radiante. En cubierta el aire tenía un fuerte olor a pescado y la niebla se había disipado.

Las velas fueron recogidas y el Mayflower se acercó a la costa.

Julilly y Liza se despertaron por el repentino silencio. Les costó un poco recordar lo ocurrido el día anterior y tomar conciencia de su situación.

Apartaron la lona de la barca y el sol radiante las inundó. El capitán corrió hacia ellas gritando.

—¡Eh! —les hizo una seña para que se acercasen—. Todos los pasajeros a tierra.

Cogió a las chicas de un brazo y las hizo bajar por el tablaje hasta el suelo. Les señaló una hilera de árboles altos y silenciosos.

—Mirad esos árboles —les dijo—. Crecen en tierra libre.

—¿Canadá? —preguntaron a la vez.

El capitán asintió con la cabeza.

Liza cayó de rodillas. Abrió los brazos y besó la tierra.

—¡Bendito sea el Señor, soy libre! —gritó.

Julilly se estiró cuanto pudo. Se quitó el sombrero y sonrió. Ya no había necesidad de esconderse ni de ocultar su piel negra. Era Julilly, una persona libre. No una esclava.

—Gracias, Señor —dijo en voz alta. Se llenó los pulmones con el aire de aquella tierra.

—Ya estáis a salvo —dijo el capitán a las chicas—. Me siento muy feliz por haberos traído hasta aquí.

Luego, bajando la voz les recordó:

119

—Tengo que regresar a Ohio hoy mismo. No puedo dejarme arrestar por ayudar a esclavos a obtener su libertad. No debo descubrir que soy un «empleado» de las líneas del Ferrocarril Subterráneo, aunque mi parte del tren vaya sobre el agua.

Julilly miró al capitán con admiración. En su alegría por estar en el Canadá había olvidado el modo en que aquel hombre arriesgaba su trabajo y quizá su vida por hacerles cruzar el Eire en el Mayflower.

—Liza y yo nunca olvidaremos cómo nos han ayudado, usted y todas las personas del Ferrocarril Subterráneo, capitán —dijo Julilly.

Liza parecía no oírles. Todavía estaba de rodillas en el suelo, rezando.

—Voy a daros un dinero de parte del señor Ross —dijo el capitán metiendo en la mano de Julilly unos billetes—. Más abajo, en la costa, hay un hombre de color con un carro que os está esperando para llevaros a la ciudad de St. Catharines. El señor Ross lo dispuso así. Vuestro compañero Lester tiene un trabajo en esa ciudad y podrá cuidar de vosotras durante algún tiempo.

Julilly miró a la costa larga y arenosa y, naturalmente, vio a un hombre con un carro que esperaba junto a la carretera.

19

El capitán se volvió con rapidez hacia su goleta.

Había grupos de gente, pero a Julilly no le importó que nadie fuera a recibirla como a otros viajeros.

Se acercó a Liza y la sacudió por el hombro.

—No te puedes quedar rezando el resto de tu vida —Julilly reía con voz fuerte—. No hemos terminado todavía. Allí hay un hombre esperando para llevarnos.

Liza estaba aturdida, se puso en pie sin ayuda y las dos caminaron en silencio por la costa hacia aquel hombre de color que estaba en el carro.

Cuando se acercaban, el hombre debió de reconocer que aquellas eran sus pasajeras y empezó a hacerles señas, puesto en pie.

Liza retrocedió.

—Será mejor que nos escondamos en los matorrales hasta la noche, Julilly. ¿Qué pretende ese hombre haciéndonos señas para que todo el mundo nos vea?

—Liza, estamos en el Canadá y somos libres y eso significa que no tendremos que escondernos jamás.

—Tienes razón, Julilly —dijo Liza y su espalda pareció enderezarse—. Podemos ir hasta el carro, subir en él y levantar la cabeza, como hacen siempre los blancos..

El conductor negro se presentó:

—Soy Ezra Wilson —dijo sonriendo como si el sol le iluminase la cara—. Massa Ross nos dijo que veníais y Lester quiere llevaros con él a St. Catharines.

Estrechó la mano de Julilly y de Liza con un largo apretón.

—Sé cómo os sentís —dijo—. Yo llegué aquí el año pasado, como vosotras, en época de cosechas.

El hombre se ocupó de la paja fresca y de las mantas que había en la parte posterior del carro.

—Tardaremos dos días en llegar a St. Catharines. Habrá mucho tiempo para hablar.

Los dos días que pasaron viajando por carreteras secundarias del Canadá, con el amable Ezra Wilson fueron tranquilos y alegres para Julilly y Liza.

Al principio se tapaban con las mantas cuando se cruzaban con alguien. Pero nadie les detenía ni les gritaba. Cuando llegaban a un pueblo y tenían hambre, entraban en las tiendas y compraban comida con el dinero que les había dado Massa Ross. Por la noche, cuando el sol se ponía, el frío era duro y tenían que envolverse en el calor de las mantas.

La segunda mañana llegaron a un lugar que estaba lleno de hojas doradas. Ezra Wilson se detuvo, extendió una manta en el suelo y preparó el almuerzo.

—Es como estar en el cielo —murmuró Liza.

Ezra Wilson se puso en pie de repente.

—No, no es el cielo —dijo pensativo—. Tengo que explicaros cómo es esto. Nosotros los negros de St. Catharines trabajamos mucho. Pero tenemos comida y la mayoría de nosotros contamos con un lugar caliente y seco para dormir.

Julilly le miró con aprensión.

—Sí, hemos encontrado trabajo —dijo—, pero ninguno de nosotros sabe leer y los blancos sí saben.

—¿Leer? —preguntó Julilly que nunca había pensado en aprender.

—Los blancos no nos quieren en sus escuelas —continuó Ezra con el ceño fruncido—. Hay una escuela de St. Paul para gente de color y otra escuela de St. Paul para blancos. Pues bien, la de los blancos tienen más libros, mejor papel, mejores pupitres, mejor edificio...

—¿Pero de verdad se puede ir a la escuela a aprender a leer? —preguntó Julilly con asombro.

—¿Dejarían que una persona como yo fuera también? —preguntó Liza.

—Yo ya estoy aprendiendo —contestó Ezra Wilson.

Una noche, Ezra Wilson les habló de St. Catharines... Les dijo que Lester trabajaba allí de mozo de hotel en el Welland House, que era un hotel de mucho nombre, incluso tenía una cañería especial que les llevaba el agua mineral.

Por la mañana del tercer día, Ezra dijo que llegaban a St. Catharines. Al principio parecía igual que los otros pueblos que habían atravesado.

Había casas grandes y pequeñas, la mayoría de ladrillo. Arboles, arbustos y flores crecían por todas partes. Por las calles había mucha gente negra.

—No visten con mucho lujo —dijo Liza a Julilly —pero no llevan harapos.

Al final de la calle vieron un gran edificio de dos pisos con un porche amplio. El hotel Welland House. Ezra detuvo el caballo. Frente al hotel había un hombre de color. Llevaba un traje ceñido y abrochado delante con botones dorados y brillantes.

—Es Lester —gritó Julilly.

Saltó del carro y corrió hacia él. Lester le cogió las manos entre las suyas y la miró con cariño. Julilly le observó. Tenía buen aspecto pero aún tenían en los ojos un reflejo de orgullo. Julilly estaba contenta. Los golpes y las cadenas no habían conseguido aplastarle.

Liza trataba de bajar del carro. Lester corrió hacia ella y la cogió en sus brazos. Los tres permanecieron juntos un momento. Luego Lester dejó a Liza con cuidado en la sucia carretera. Al hacerlo, miró hacia la puerta del fondo del hotel.

—En seguida la verás en la cocina, Julilly —dijo Lester.

—¿Verla? ¿en la cocina? —Julilly estaba aturdida. ¿Querían darle un trabajo en la cocina?

—Es una sorpresa que te he preparado, Julilly —dijo Lester—. Le hice prometer a Ezra que no te lo diría.

Una mujer abrió la puerta del fondo. Julilly miró hacia allí. Era alta y de piel morena, llevaba un pañuelo blanco en la cabeza, pero tenía el pelo gris. Su cara estaba arrugada. Era vieja.

La mujer se acercó, cojeando, pero con pasos largos y seguros.

—Mamá Sally —gritó Julilly y corrió a refugiarse en los brazos abiertos de su madre.

—Hija, hija. —Mamá Sally cantaba las palabras, una y otra vez.

Por fin apartó a Julilly para verla mejor. Tenía los ojos radiantes.

—June Lilly has crecido mucho —dijo con preocupación— te has convertido en una mujer.

Julilly no oía nada. Estar de nuevo con Mamá Sally la llenaba el corazón de júbilo y deseaba gritar y cantar. Pero en lugar de eso, volvió a abrazar a su madre.

—¿Cómo estabas ahí madre? ¿Cómo sabías que estaba aquí? —preguntaba.

—Pero hija mía. ¿No te dijo Massa Ross que yo estaba aquí? ¿O es que Lester te lo quiso mantener en secreto? —Mamá Sally se reía y las lágrimas rodaban por su cara.

Julilly se acordó de Liza. Llevó a su madre hasta la muchacha delgada y encorvada, que estaba de pie en la carretera.

—Liza ha venido conmigo —dijo simplemente Julilly a su madre—, somos como hermanas.

Mamá Sally acarició con dulzura la cabeza de Liza.

—Vivirás con nosotras, Liza, voy a comprar una casita —se irguió orgullosa—, vamos a verla.

Empezaron a bajar por la sucia carretera Liza, Julilly y Mamá Sally. Detrás iban Lester y Ezra.

—Somo libres y estamos juntos —canturreaba Mamá Sally.

Se detuvo y miró con alegría a aquellas chicas extrañamente vestidas que tenía junto a ella.

Siguió caminando.

—La libertad no es fácil. Nosotros los negros, no sabemos leer ni escribir y los blancos de St. Catharines no nos quieren en sus escuelas... Somos pobres pero estamos construyendo una iglesia y una escuela. Somos pobres pero nos pagan por el trabajo que hacemos. Somos pobres, pero algunos estamos edificando casas en la tierra que poseemos. Somos pobres, pero ninguno de nosotros es esclavo.

Las palabras de Mamá Sally se convirtieron en una canción. Cada nueva línea tenía un ritmo y una cadencia crecientes. Todos siguieron la marcha hacia la arboleda.

Julilly miró a su madre. Tenía arrugas profundas. Por debajo del pañuelo brillaba su pelo gris. En el cuello tenía cicatrices de látigo y cojeaba al andar. Pero llevaba la cabeza alta y cantaba con alegría.

Julilly pasó su fuerte brazo sobre su espalda para ayudarla. Con la otra mano cogió a Liza.

Mamá Sally la necesitaba y Liza también. Y Lester. Ella seguiría creciendo. La esperaba una gran tarea en aquella tierra grande y nueva de la libertad.